児童の描画特性と認知スタイルとの関連性に関する研究

新 妻 悦 子 著

風 間 書 房

本書に寄せて

東北大学大学院教育学研究科　教授　本郷一夫

　子どもの発達を見ているといろいろと不思議なことに出会います。昨日まで出来なかったことが今日になると急に出来るようになったり，あるいは逆に，今まで出来ていたことが出来なくなってしまったりするようなことがあります。まさに，「発達は獲得すると同時に喪失することである」といった表現が当てはまる現象です。また，子どもは発達によって大きく変化していく部分と，あまり変わらない部分の両方を持ち合わせています。したがって，発達心理学は，これまでの研究の歴史において，変わるもの（領域）同士の関係（「機能間連関」）に加えて，変わらないもの，あるいは人によって変わり方が異なるもの（「個性」）の二つの側面に焦点を当ててきました。このような枠組みに従えば，本書は，描画発達の機能間連関とその個人差を扱った研究として位置づけられるでしょう。

　発達心理学において，描画発達は古くから関心が持たれてきた領域の一つです。これまでの描画研究の流れとして，一つには何を描くのかあるいは描いたものにどのような意味を与えるのかといった観点から，描画の発達段階を描こうとしたものがあります。もう一つは，手指の巧緻性，空間認知・視点取得といった認知発達，描画経験の有無などの描画の発達段階を規定する要因を検討したものがあります。そのような描画研究の流れの中にあって，本書は以下の2点で特徴的であると考えられます。

　第1に，子どもは何を描くのかというよりもどのように描くのかということに焦点を当てている点です。具体的には，点，線などの一定の刺激を与える条件下で，子どもがどのような描画をどのように描くのかといった点に着

目しています。これによって，描画特性の個人差を表す指標として，「具象群」と「非具象群」という二つの描画タイプが存在し，タイプによって描画プロセスが異なることを明らかにしています。

第2に，認知発達の段階あるいは水準に加えて，認知スタイルといった視点を取り入れることによって，描画特性の個人差を着目した点です。これによって，描画タイプは，一般的な知能検査の項目で測定される知能の諸側面よりも，むしろ図形埋没検査（EFT）によって表される「場依存－場独立」といった認知スタイルとの関連が強いことを見出しています。さらに，一連の研究を通して得られた結果に基づき，描画制作過程の認知プロセス（情報処理）モデルを提案しています。このモデルは，さらに精錬されうる余地があると思いますが，描画に限らず，他の造形活動の表現タイプの違いを説明する上でも有用だと思います。

最後になりますが，東日本大震災により大きな被害を受けながらも，博士論文を完成させ，その発展としての本書を出版するに至るまでの新妻悦子さんの努力に敬意を払うとともに，さらに新妻さんの今後の研究によって，描画発達だけでなく，広く表現活動の発達プロセスの解明が進むことを期待しています。

本書の刊行に寄せて
―本研究とアトリエ・コパンの取組―

宮城教育大学教職大学院　教授　佐藤　静

　本書の基となった新妻悦子氏の博士論文「児童の描画特性と認知スタイルとの関連性に関する研究」（2015）は，実践的な美術教育活動の中から生まれたといえます。本書の刊行に寄せて，研究の一端に触れながら，私なりに理解している範囲で，新妻氏の美術教育活動の取組についても紹介させていただきます。

　私たちのものの見方や感性，あるいは認識の在り様について，体験的・実践的に理解しようとするとき，美術というフィールドは絶好の機会や方法を提供してくれるように思います。新妻悦子氏は，新妻健悦氏とともに長年にわたって宮城県石巻市で美術教室アトリエ・コパンを主宰され，子どもたちの美術教育に取り組まれてきました。その活動は全国的に知られており，私も教室から生まれる多くの作品を拝見する機会に恵まれました。それはまた多くの子どもたちの個性に出会う機会でもありました。

　作品をつくるときに，言葉や概念を手がかりにしようとするタイプの子がいます。その作品（表現）は，具体的・実体的なものになる傾向があります。他方，目の前に見えるもの（線や点や色や形など）に直接的に反応し，その変化や展開を追いかけようとするタイプの子もいます。その作品（表現）は，具体的・実体的なものを離れる傾向があります。本書では，前者が概念駆動型のトップダウン式の情報処理が優位な具象群であり，後者がデータ駆動型のボトムアップ式の情報処理が優位な非具象群であることを明らかにしています。さらに，そうした傾向の一貫性や発達との関係等について詳細な

分析と検討がなされています。本研究から明らかになった事柄は，日常生活上の行動や様々な問題解決に重なる適応上のスキルやスタイル等の問題にも関係している可能性があり，本研究の今後に期待するところです。

　美術領域では作品の表現特性によって具象・抽象と区分されることがありますが，新妻健悦氏はより広い観点から創作上の認識や表現の特性をＡ言語・Ｂ言語という言葉でとらえて，美術教育に応用されています。本書の研究はそうした知見の一面を心理学的に裏打ちするものでもあります。美術は私たちの認識や表現の地平を限りなく拡げようとするダイナミックな創造行為であり，同時に私たちの心の枠組や支えともなる重要な機能を提供してくれます。五年前の東日本大震災の被災地でアトリエ・コパンの活動を再開する際に，新妻氏らは身近な草花をスケッチするという課題を用意したということです。被災した子どもたちの「心のケア」をめぐって私たちが浮き足立っているときに，心の芯を支える的確なテーマを選択されたことに感銘を覚えました。そうした姿勢や見識に支えられた美術教育の取組が，本書の一連の研究の基盤となっていることをあらためて思った次第です。

はじめに

　本書は，2015 年 3 月に東北大学大学院教育学研究科に提出した博士学位論文に基づいています。全四部で構成され，第Ⅰ部では，先行研究を概観し研究の背景と課題を明らかにし，さらに新たな研究の方法と枠組みとして，実験心理学的方法と認知的・情報処理的枠組みを導入することについて述べています。第Ⅱ部では，3 つの実験（調査）と 2 つの補足的解析を通して描画制作過程の分析を行い，対比的な 2 つの表現群を抽出しています。第Ⅲ部では，4 つの実験（調査）を通して描画行動のメカニズムと描画特性の関連性を探るという基本的な課題を検討しています。第Ⅳ部の展望と課題では，研究のまとめと総合的考察を行い，描画行動の個人差を生み出す描き手の認知プロセスの「モデル」を提示しています。

　描画研究を概観すると，描画はリアリズム（再現性）に向かうという発達の普遍的な流れがあり，個人差の問題は研究対象とはなり難いと考えられてきました。一方，美術教育の現場では子どもに合った適切な支援の必要性が叫ばれてきました。本研究では，児童の描画に焦点を当て，その特性を特徴づける認知スタイルと描画特性との関連性を検討しています。直接的に参照できる先行研究が見当たらず研究方法は手探りで進められましたが，児童の描画特性と認知スタイルの関連性についていくつかの知見が得られました。本研究の結果が一般化の説明に耐えるためにはなお継続した検討が必要であると考えますが，本研究が美術と心理学を橋渡しするきっかけとなり，本研究から得られた知見が美術教育の現場で活かされることを願っています。

目　　次

本書に寄せて（本郷一夫）　　i

本書の刊行に寄せて（佐藤　静）　　iii

はじめに　　v

第Ⅰ部　本研究の背景と課題

第1章　問題の背景

1.1　造形の基本原理と子どもの描画行動……………………………………… 3

（1）抽象絵画の出現と造形の基本原理

（2）現代美術と子どもの描画

（3）描画行動の多様性に着目して

第2章　描画研究の歴史と動向

2.1　美術と心理学との関連をめぐって………………………………………… 9

2.2　子どもの描画における発達理論の変遷…………………………………… 10

（1）知的リアリズムとしての描画

（2）認知的な行為としての描画

（3）文化的実践としての描画

2.3　描画研究の理論的アプローチ……………………………………………… 13

（1）発達段階的アプローチと臨床-投影的アプローチ

（2）プロセスアプローチ

（3）知的リアリズム再考の流れ

（4）芸術的アプローチ

viii　目　次

（5）描画の U 型発達の論争

2.4　描画の個人差研究……………………………………………………… 21

（1）投影系の使用に関する個人差の報告

（2）シンボル機能の発達に関する個人差の報告

（3）2 つの描画スタイル―ドラマティストとパターナー―

（4）対比的な描画傾向―具象タイプと非具象タイプ―

第 3 章　描画および創造性研究領域における認知的研究の動向と知見

3.1　描き手の認知過程に着目する研究の動向……………………… 28

3.2　創造性研究領域における認知的研究の知見…………………… 30

（1）創造的問題解決（CPS）モデル

（2）CPS モデルに基づくコラージュ制作過程の分析

3.3　認知の個人差および個人差要因に関する動向と知見……………… 33

（1）知的行動の個人差研究

（2）個人差要因としての認知スタイル

（3）「場依存・場独立」認知スタイル

（4）場依存性と大域優先性の関連性に関する研究

第 4 章　本研究の課題と方法

4.1　本研究の課題………………………………………………………… 41

4.2　本研究の枠組みと方法……………………………………………… 43

（1）「描画課題」の枠組み

（2）描画制作過程の分析

（3）認知プロセスの模式図

4.3　本研究の意義と役割………………………………………………… 46

目　次　ix

第Ⅱ部　描画制作過程の分析

第5章　研究1；「描画課題」の妥当性に関する探索的研究

5.1　問題と目的……………………………………………………… 51

5.2　方　法…………………………………………………………… 53

（1）参加者

（2）調査期間および調査場所

（3）刺激図形

（4）「描画課題」の手続き

（5）分　析

5.3　結　果…………………………………………………………… 55

5.4　考　察…………………………………………………………… 57

第6章　研究2；「具象性評定尺度」を用いた描画作品の分析と
　　　　主に描画時間に基づく描画行動の分析

6.1　問題と目的……………………………………………………… 59

6.2　方　法…………………………………………………………… 63

（1）参加者

（2）調査期間および調査場所

（3）「描画課題」の手続き

（4）分　析

6.3　結　果…………………………………………………………… 64

（1）具象性評定尺度得点

（2）平均評定値と4つの変数の相関係数

6.4　考　察…………………………………………………………… 67

（1）描画作品の評定に関して

x　目　次

（2）初発時間（プランニング時間）の分析について

（3）描画時間の分析について

（4）命名数と補足数の分析について

第7章　研究3：具象群と非具象群の描画特性と発達的変化

7.1　問題と目的………………………………………………………… 75

7.2　方　法……………………………………………………………… 77

（1）参加者

（2）調査期間および調査場所

（3）「描画課題」の手続き

（4）分　析

　①表現タイプの群分けと出現数（率）の分析

　②初発時間の分析

　③描画時間の分析

7.3　結　果……………………………………………………………… 80

（1）表現タイプ群の出現数（率）

　補足的分析：

　①経験年数の群分けに基づく出現数（率）

　②性別の群分けに基づく出現数（率）

（2）初発時間に関する分析

（3）描画時間に関する分析

7.4　考　察……………………………………………………………… 86

（1）表現タイプ群の出現数（率）

（2）初発時間とプランニング特性

（3）描画時間と表現特性

目　次　xi

第8章　研究4；「共通反応」の出現に関する検討

8.1　問題と目的……………………………………………………………… 91

8.2　方　法…………………………………………………………………… 92

（1）対　象（描画作品）

（2）調査期間および調査場所

（3）分　析

8.3　結　果…………………………………………………………………… 93

8.4　考　察…………………………………………………………………… 96

第9章　研究5；描画特性の一貫性に関する検討

9.1　問題と目的……………………………………………………………… 99

9.2　方　法……………………………………………………………………100

（1）参加者

（2）調査期間および調査場所

（3）第二回目「描画課題」の手続き

（4）分　析

9.3　結　果……………………………………………………………………101

9.4　考　察……………………………………………………………………102

第Ⅲ部　具象群と非具象群の認知特性と認知スタイル

第10章　研究6；WISC-Ⅲを用いた表現タイプ群の言語性知能と動作性知能の検討

10.1　問題と目的………………………………………………………………107

10.2　方　法……………………………………………………………………110

（1）参加者

（2）調査期間および調査場所

xii 目 次

（3）手続き

（4）分 析

10.3 結 果 ……………………………………………………………111

10.4 考 察 ……………………………………………………………112

第11章 研究7：DN-CAS を用いた表現タイプ群の「同時処理」と「継次処理」の検討

11.1 問題と目的 ……………………………………………………114

11.2 方 法 ……………………………………………………………117

（1）参加者

（2）調査期間および調査場所

（3）手続き

（4）分 析

11.3 結 果 ……………………………………………………………118

11.4 考 察 ……………………………………………………………119

第12章 研究8：EFT を用いた表現タイプ群の「場依存・場独立」認知スタイルの検討

12.1 問題と目的 ……………………………………………………122

12.2 方 法 ……………………………………………………………125

（1）参加者

（2）調査期間および調査場所

（3）埋没図形検査（EFT）

（4）手続き

（5）教 示

（6）分 析

12.3 結 果 ……………………………………………………………128

（1）EFT 平均所要時間の分析

（2）EFT 平均誤答課題数の分析

12.4　考　察 ……………………………………………………………130

第13章　研究9；「場依存・場独立」と「大域処理・局所処理」の関連性に関する検討

13.1　問題と目的 ………………………………………………………133

13.2　方　法 ……………………………………………………………135

（1）参加者

（2）調査期間および調査場所

（3）大域・局所同異判断課題

（4）手続き

（5）教　示

（6）分　析

13.3　結　果 ……………………………………………………………138

13.4　考　察 ……………………………………………………………138

第Ⅳ部　展望と課題

第14章　研究のまとめと総合的考察

14.1　第Ⅱ部（研究1・2・3・4・5）から明らかになった事柄……………143

（1）具象群と非具象群の群分けと出現数（率）

（2）具象群と非具象群の描画特性と発達的変化

14.2　第Ⅲ部（研究6・7・8・9）から明らかになった事柄 ……………146

（1）WISC-Ⅲ，DN-CAS による検討

（2）EFT による「場依存・場独立」認知スタイルの検討

（3）「場依存・場独立」と「大域・局所処理」の関連性に関する検討

xiv　目　次

14.3　総合的考察 ……………………………………………………149

（1）刺激図形の処理に関する個人差—具象群と非具象群の情報処理—

（2）描画制作過程の認知プロセス（情報処理）モデル

14.4　展望と課題 ……………………………………………………156

（1）本研究の成果と問題点

（2）展　望

文　献……………………………………………………………………161

資料 1　埋没図形検査（EFT）……………………………………177

資料 2　大域・局所同異判断課題 …………………………………183

資料 3　具象群と非具象群の描画作品 ……………………………197

論文目録……………………………………………………………………217

謝　辞……………………………………………………………………219

第Ⅰ部
本研究の背景と課題

第1章
問題の背景

1.1 造形の基本原理と子どもの描画行動

（1）抽象絵画の出現と造形の基本原理

　20世紀初頭の抽象絵画の出現は，「絵画とは何か」という基本的な問いかけに始まる。抽象絵画の理論的指導者 Wasily. V. Kandinsky（1866-1944）は，新しい芸術運動の根源ないしは基本的な原理を明らかにするいくつかの芸術理論を発表し，中でも『点・線・面―抽象芸術の基礎論―』（1926）において，造形要素の再認識とコンポジションの理論を展開した。Kandinsky の理論は，形態的要素の分析と基本的構成を主に，具象か抽象かの二者択一的問題を超えて絵画および造形一般の基本原理を示している。

　一方，美術史的に見ると，造形要素の再認識は1870年代に登場してくる印象主義に始まる。印象主義は，固有色（事物そのものの色）を否定することで，結果として色彩を事物への従属から開放し世界を「色とかたち」に還元した。フランスの生理学者 C. Henry（1859-1926）は科学的美学の立場から，線，色調，色彩が絵画表現の基本的成分としておのおのの役割をもっていることを論じ，新印象派の G. Seurat（1859-1891）に多大な影響を与えた。その後，新印象主義はキュビズムから抽象絵画へと推移していくが，写実的な描写の手段と見なされていた線と色彩が写実的機能から次第に離れ，それ自体に備わる独自の表現機能を持つものとして自覚され，積極的な意味で絵画空間の構成要素となってゆく（土肥，1989）。

　フランスでは F. Kupka（1871-1957）が，音楽の持つ特性を絵画に再現す

4　第 I 部　本研究の背景と課題

るために色彩と形のコンポジション（構成）を試み，R. Delaunay（1885-
1941）が，光と色彩を純粋に表現することを追及する。イタリアでは未来派
の G. Balla（1871-1958）が，線と色彩を錯綜させスピードを表現し，オラン
ダでは P. Mondrian（1872-1944）が，水平線と垂直線，赤，青，黄，白，黒
のみで世界を幾何学的な構成と基本的な色彩に圧縮する。ドイツでは H.
Hofmann（1880-1966）が，色彩の強弱で画面にリズムや奥行きを生み出し，
力動的でダイナミックな幾何学的色面の構成を行う。Hofmann に関しては，
その後 1932 年にアメリカに定住し，第二次大戦後のアメリカを中心とする
現代美術の活動に大きく貢献している。さらに，1913 年ロシアでは K. S.
Malevich（1878-1935）が，「芸術を再現（representation）の重荷から解き放
つ」としてシュプレマティスム（絶対主義）を主張し，急速に抽象絵画を進
展させてゆく。Malevich は，創造的な要素は，自然をあるがままに再現し
それを調和した有機的な全体として表現するという変化のない構成の中では
なく，むしろ芸術家自身の解釈によって変化した構成，すなわち「心的な構
成物（Rentschler, Herzberger, & Epstein, 1988）」の中にあると考えた。抽象絵
画の出現は，絵画は「主題」と「表現媒体」の二重構造によって成り立つと
いうことを再認識させ，さらに表現媒体としての造形要素（点，線，面，色
彩）が自律的な表現機能をもつことを明らかにした。

　一般に，形の構成要素としての点，線，面は，形態の属性として存在する
一方，そのバリエーションは形態の属性を越えたところにある。たとえば，
点は大きさによって強さを表し，連なりは方向性や動きを生み，疎密は起伏
やテクスチュアなどを表す。線にはさらに強い表現力があり，鋭角で折れ曲
がれば鋭さや硬さを，曲線は柔らかさや穏やかさを，複数の線の疎密はリズ
ムやうねりを表す。つまり，表現媒体としての造形要素（点，線，面，色彩）
は，本来それ自体に備わる固有の生命をもっている。ところが，それらが対
象の描写に役立つように強いられると，その程度に応じて，いきおいその固
有の生命が弱められる。逆に言うと，点，線，面，色彩の固有の表現力を強

めようとすれば，対象内容（主題）を弱めなければならない（木村，1967）。

　Kandinsky や Klee（1879-1940）は，1919 年にヴァイマルに設立された州立バウハウス（Bauhaus）において教師として活動したが，彼らの教室では，目の前の対象を分析し，水平線のみで，あるいは垂直線や斜線のみで，現象全体を捉える訓練が行われた。そこでは点・線・面がもはや直接に外的対象を担わず，自律的な表現機能を持つものとして抽象的な形式において展開されている。このバウハウスの活動が示すように，純粋に点，線，面，色彩といった造形要素の学習を深めることは，具象や抽象にこだわらない普遍的な造形力を高めると考えられている。また，もし描画者がこれらのバリエーションに対して敏感であり視覚的統合に導くためにその関係を模索しているような場合は，描画者の構成力はかなり高いと考えられる。

（2）現代美術と子どもの描画

　現代美術への変革は，絵画が「主題」と「表現媒体」の二重構造によって成り立つという造形の基本原理を明らかにする試みでもあった。そこでは，従来は写実的表現の「手段」であった表現媒体としての造形要素（点，線，面，色彩）が，独自の表現機能を持つものとして自覚されてゆく。では，このような美術史的なパラダイムの変革は，子どもの描画行動を考える上でどのような影響を与えているのであろうか。

　描画研究においては長い間，描画は実在の世界を「再現（representation）」する試みであり，ある心像に基づくという命題が採用されてきた（Kellogg，1969）。そのため，再現性の枠組みからはみ出す「非再現的」なスクリブルや形象に着目する研究は殆ど認められなかった。しかし Alland（1983）は6ヶ国の異なる文化圏の就学前の子どもの描画スタイルを検討し，視覚的芸術の長い伝統を持たない文化（たとえば，Bali）では，子どもは形式的に構成された絵を描き，その絵にはなんら明白な再現的あるいは象徴的意味がないことを見出した。また再現的描画そのものが，西欧文化の伝統が視覚的リア

6　第Ⅰ部　本研究の背景と課題

リズムを優先させていることにつながるとして，子どもの描画の「非再現的なスクリブルや形象」が存在する可能性も見越しておかなければならないと主張した。

　非再現的なスクリブルや形象の重要性は，Gibson（1979）の知覚心理学でも主張された。Gibson は，子どもにおいては描くことも書くことも，原初的描画行為（fundamental graphic act）と呼んでいる行為から発達すると考え，道具（たとえばクレヨン，マーカー，鉛筆など）を用いて跡（trace）をつけるという行為が，描画発達段階においてはなぐり描き（scribbling），乱れ描き（dabbling），べた描き（daubing），走り描き（scratching）などと呼ばれ，過小評価されていると指摘した。Gibson は，「道具を表面の上に動かすことは，感じられるし，見えるものである」として，面の上に道具の連続的な記録を見ること，運動感覚を瞬間，瞬間に感じ取ること，すなわち「視覚的運動感覚」を重視している。同様に，Arnheim（1954）も，初期のスクリブルは「再現」ではなく運動衝動が優位に立つ「表現」であると考え，描画から得られる運動快感は，再現的描画が描けるようになった後でさえ，依然として重要であると指摘した。

　一方，抽象絵画や抽象表現主義の出現は，視覚以外の感覚，触覚や運動覚といった体性感覚を動員することによって，新しい視覚体験を創造していくという描画法を試みた。そこでは，身体的な運動の軌跡であるスクリブルの線が閉じないで，そのまま線そのものの展開を見せる表現が認められる。また，面的に塗られた色彩が「図＝主題」として主張する作品が認められる。いまや「図＝主題」は意味のある「存在」や「形態」ではなく，世界を再現すると言う意識もなく，ただ平面にキズや跡（trace）をつけてゆく。20 世紀の絵画では，これまで「地」であった表現媒体の線や色彩が自立し，そのまま「図」に変換されて絵画の主題になってゆく。この新しい絵画は，「再現」の重荷から解き放ち，誰一人体験したことのない視覚対象を創造する試みへと大きく方向転換させた。また，絵画というものの存在意義の比重を

「見るという過程」から「描くという過程」へと大きく方向転換させた（岩田，1997）。しかしこれまでのところ，子どもの描画においては，Arnheimや Gibson が注意深く検討すべきであると主張したにもかかわらず，運動衝動が優位に立つ「表現」に関する心理学的な検証は殆ど行われてこなかった。

　本研究では，以上のような美術史の動向を踏まえ，歴史的な様式をもたない子どもの描画でも，発達段階の初期に見られる「表現」としての「身体的な行為」は，視覚的写実性（リアリズム）への進展によって終息してしまうのではなく，それぞれのベクトルをもった表現の多様性として存在し続けるのではないかと考えた。

　鬼丸（1984）は，身体性と視覚の観点から，児童画の発達を「表出期」「構成期」「再現期」に分け，それぞれの画期の造形原理を明らかにしている。とくに，「構成期」は，年齢とともに視覚の働きが増してくるが触覚性も概ね優勢であるとし，「児童画には触覚的で視覚性がまだ潜在している時期，haptisch-nichtsichtig な段階を考えねばならない」と指摘している。たしかに，子どもの描画は通常は何かの「再現」である。また子どもの描画発達はリアリズムに向かい，現実の世界を再現しようと試みる。しかし，一方では非再現的形象やスクリブルが存在する可能性も残されているのではないだろうか。

（3）描画行動の多様性に着目して

　新妻（1996）は長年の教育的実践から，造形の基本原理を踏まえ，子どもたちの活動を「再現的活動」と「探索的活動」の二重構造として捉え直している。再現的活動とは，外的・客観的な事物としての対象を「再現（representation）」する活動であり，探索的活動は触覚や運動覚などの体性感覚的な刺激がきっかけとなって，対象の再現とは次元を異にする異質な要素，物質感や運動性などを「操作（exploration）」する活動である。この2つの活動

8　第Ⅰ部　本研究の背景と課題

は対立するものではなく補償しあう関係として，相互作用的，連環的に働くことによって造形作品を生み出していく。また子どもたちの活動は，この2つの活動の強弱レベルの組み合わせから捉えられる。

　たとえば再現的な活動が主となる場合，子どもたちにとって，探索的に「どう描くか（How）」よりも，「何を描くか＝主題（What）」が第一義的な問題となる。それとは反対に，探索的活動が主となる場合，子どもたちは主題（What）という具体的な「意味」に捉われず，表現媒体を操作する活動（How）に関心を示す。このような子どもたちは少数ではあるが，再現的な活動に向かう子どもたちと明らかに異なる造形的特性を示す（新妻，2009）。

　美術教育の現場では，子どもの多様性に沿った教育の重要性が叫ばれて久しい。しかし，美術教育では子どもの多様性を心理学的に検討する機会が少なかった。いま，現代美術の変革や認知的な発達理論へのパラダイムの変化は，造形の基本原理である「主題」と「表現媒体」の関係を問い直し，主題以外のものが研究対象となりえる土壌を提供している。現代美術の試みは，描画行動の多様性の検討を可能とする視点を包含しているのではないだろうか。

第2章
描画研究の歴史と動向

2.1 美術と心理学との関連をめぐって

　心理学では長い間，行動主義（behaviorism）が「学習」を説明する支配的なパラダイムであった。しかし1950年代の後半から1960年代の初期にかけて，認知革命と呼ばれる思潮が台頭し，思考と学習において行動主義的アプローチから帰納推論や仮説検証による認知的アプローチへの移行が認められるようになる。描画研究に関しては，1970年代初頭にGardner（1973）が行動主義の見方を拒否する主張を展開し，芸術と人間の発達との関係を研究する手段として「認知発達」の枠組みを作り出した。またGardner等，Harvard's Project Zeroの研究者たちは，Goodman（1976）の芸術に対する理論的アプローチを背景に，認知発達理論の傘下で芸術発達の検討を行なった。さらに，描画研究において大きな変革をもたらす考えがFreeman（1980）によって提示された。Freemanは，描画は対象の単なる転写や翻訳ではなく，プランにもとづいて構成要素を空間的・時間的に体制化して描く「構成活動」であると考え，従来の描画研究が出来上がった作品の「表層構造」のみを問題としていたのに対して，描画構成過程の重要性を指摘し，その後の描画研究を進展させるきっかけとなった。

　しかし，このような行動主義から認知主義へのパラダイムの変化は，美術に関する教育風土を必ずしも改善することにはならなかった。とくに心理学は，自然科学から手法を借りただけではなく，科学的なものの見方が知識を獲得する唯一の方法であるという考えを共有してきたことから，芸術に関し

10　第Ⅰ部　本研究の背景と課題

ては非科学的・前科学的とみなした。たとえば Piaget は，論理科学的思考を遂行する「能力」の発達に注意を向けたが，芸術的，感性的（aesthetic）な発達に関する問題にはほとんど関心を示さなかった。Piaget の認知発達の研究は，論理的・科学的な思考を支える命題的な構造を形成することに焦点化され（Piaget & Inhelder, 1966），そのため Piaget の影響を受けた後続の研究者たちも，子どもの描画にはあまり関心を示さなかった。

　Efland（2002）は，美術と心理学との関係はその出発点から不安定な結びつきを内包するものであり，現在でも長期にわたる科学至上主義的なものの見方が，芸術を非認知的発達のグループに分け，美術の学習が認知的な努力であると認められるのを難しくしていると指摘している。では，どのようにして認知的活動としての美術を心理学的に検討していけば良いのであろうか。以下では，描画の発達理論の変遷と描画研究の知見を概観する。

2.2　子どもの描画における発達理論の変遷

（1）知的リアリズムとしての描画

　教育における支配的な心理学は行動主義であり芸術の心理学的説明が潜在意識の精神分析学的見方の上に築かれた時代，子どもの描画は段階的な発達に従うものとみなされ，多くの研究者が子どもの描画の展開を不連続の段階を通過するプロセスとして記述した（発達段階説）。

　Luquet（1927）は，子どもは自分のもつ対象の内的モデルに基づいて描画を行なっており，描画対象について知っている要素を絵の中に描きこもうとすると考えた。この考えは，大人の描画が見え通りに描く「視覚的リアリズム」であるのに対して「知的リアリズム」と呼ばれ，20 世紀を通じて大きな影響を持ち続けた。また Luquet は，描画発達は「なぐり描き」「偶然の写実性」「出来損ないの写実性」「知的写実性」「視覚的写実性（リアリズム）」の 5 つの発達段階を経て段階的に進むと考え，その後の Piaget & Inhelder

（1966）の知的発達の研究に大きな影響を与えた。またこの発達段階論を背景に，描画で知能を測定する伝統が生まれた（Goodenough, 1926; Harris, 1963）。

　この時代の美術教育者を代表するのは Löwenfeld（1952）と Read（1945）である。Löwenfeld はこれまでの児童画の研究が主に視覚性の立場から行われていたのに対して，触覚性を重視する立場で研究を行い，思春期以降の2つの表現スタイルを「視覚的（visual）」と「触覚的（haptic）」と呼んで区別した。Löwenfeld はこの2つのスタイルを，描画発達の段階的な問題ではなく，個人に一貫して認められる先天的な理由，たとえば描画者自身の個人的気質や性格や体験の仕方に関係するものであると考えた。Löwenfeld の理論は，現象を深く極める視点に立っている点で，また触知覚の認知特性に訴える点で革新的なものであった。しかし2つのスタイルへの言及は，出来上がった作品の表層構造のみを問題としていることから前認知的（pre-cognitive）とみなされ，認知的研究からは区別されている（Efland, 2002）。一方，Read は人間形成の根本原理としての美術という概念を強調し，21世紀の美術教育の役割を論じた。

　Löwenfeld と Read の共通点は，自然主義的様式の表現を子どもに押し付けるのではなく，芸術活動が促進されるのは個人の情緒的な成長にあるとし，子どもの絵画表現を「心」そのものの活動の結果とみなす傾向があったことである。芸術活動の中で，自発的な自己表現を励ますことが，子どもの認知発達や人格的成長を促すという考えは，西欧や北米での芸術教育や芸術療法に重要な影響を与えてきた。

（2）認知的な行為としての描画

　Arnheim もまた Löwenfeld や Read とほぼ同時代の研究者であるが，『美術と視覚』（1954），『視覚的思考』（1969），『芸術心理学』（1967）によって，視知覚のゲシュタルト理論の概念を美術に敷衍し，美術は「認知」の性格を

12　第Ⅰ部　本研究の背景と課題

もつという構想を一貫して主張した。Arnheim 理論の重要な特徴の一つは，視覚的思考（visual thinking）という概念を提唱した点である。

　Arnheim によれば，知覚の基本的プロセスは，単なる受動的な記録ではなく構造を把握する創造的な行為であり，絵画表現は知覚概念の模写でも操作でもなく，特定の媒体（media）を用いて知覚概念の等価物，すなわち「構造的等価物」を作り出すことであると説明される。Arnheim は，バランス，対比，対称，緊張などという用語で絵画の内的な構造を論じるのに有効な枠組みを提供し，また「構成しながら知ることである（Parsons, 1998）」として美術の心的な活動プロセスを強調した。このような主張によって，美術制作は，一種の「問題解決（problem solving）」と捉えられるようになり，認知的な行為であると見なされるようになっていく。

　一方，発達に関しては，Arnheim はゲシュタルト派の知覚心理学を子どもの描画に適用し，子どもの絵画制作の変化を知覚の発達や知覚の学習に関係づけようとした。「美術は意味のある形式かあるいは造形的秩序であり，分化の法則に基づき形式的な構造はいっそう高度なものになる」とし，普遍性や一般的な原理を求める立場を取っている。Arnheim の芸術理論の注目すべき点は，知覚，情緒表現，認知発達の面からの考察を統一された枠組みの中に納め，子どもたちの描画について最も包括的な理論的説明を与えたことである（Thomas & Silk, 1990）。この考えはたくさんの後継者たち，Goodnow（1977）や Gardner（1980）そして Harvard's Project Zero の研究者たちによって継続され，日本では，鬼丸（1984）が一貫して児童の造形活動を「一種の論理性を内に秘めた行為である」と捉え，幼児期から思春期までの発達過程を分析している。

（3）文化的実践としての描画

　ところで近年になると，認知的見方に加えて文化的な影響を報告する研究者が現れる。Wilson & Wilson（1977）は，子どもの関心は現実世界の事物を

再現することにあるのではなく，子どもが帰属する文化の視覚的な記号（サイン）を作り出すことにあると考え，描画発達に関する社会文化的説明を行なった。Wilson らは，美術の絵画的な言語は，話すことと同様，単なる習慣である人工的な記号から成り立っているとし，美術は文化が生み出す一つの形式であり，文化的道具の獲得は意識のより高度のレベルを可能にし，発達は文化的に媒介される実践に向けて進むと主張した。彼らは，描画発達の多くの状況は普遍的なものに，そして文化や形式的な訓練に独立して表れる様に見えるが実際には，ある程度までその子どもたちが生活している美術文化に影響されると主張している。また，Alland（1983）や Golomb（2004）も，子どもの描画には強力な文化的差異が認められることを報告している。

　一方，Wolf & Perry（1988）は，描画の発達を一つのタイプに結実してしまうのではなく，視覚言語のレパートリーとして考え直したいとし，複数レパートリーの発達を主張した。同様に，Kindler & Darras（1998）も，美術は文化が生み出す一つの形式であるとして，複数レパートリーの記号論を展開している。認知的には，文化的道具の獲得は意識のより高度のレベルを可能にするとし，発達段階説のような単線的な（unilinear）現象として美術的な発達を特徴づける傾向に疑問を呈し，発達は確定された一本道を進むのではないという構想を提案している。このように，現在では，美術や絵画をどのように捉えるかによって，芸術的な発達に関する考えも多様なものとなっている。

2.3　描画研究の理論的アプローチ

（1）発達段階的アプローチと臨床-投影的アプローチ

Thomas & Silk（1990）は，描画研究の理論的アプローチを概観し，発達段階的アプローチ，臨床-投影的アプローチ，プロセス・アプローチ，芸術的アプローチの 4 つの基本的なアプローチに区分している。発達段階的アプ

14 第I部 本研究の背景と課題

ローチでは，描画発達は認知の発達に伴う単一の過程であると仮定され，Luquet（1927）以来の発達段階説を採用し，子どもの描画発達は視覚的写実性へ向けて段階的に進むと考えた。そこでは，子どもの描画は本質的に写実を意図しているという暗黙の前提が存在し，多くの研究者たちが再現（representation）する能力の発達に焦点をあてている（Goodnow, 1977; Davis, 1983; Freeman, & Janikoun, 1972; Freeman, Eiser & Sayers, 1977; Willats, 1977, 1884; Ingram & Butterworth, 1989; Cox, 1978, 1981, 1986a, 1992）。

　一方，臨床-投影的アプローチでは，子どもは自分の情緒や動機を描画の中に投影するという仮定の下に，知能やパーソナリティ，情緒的反応の指標として利用された。個人差に関連する特異な描画発達は，臨床的な問題として討議された（Goodenough, 1926; Hammer, 1953; Self, 1977; Koppits, 1984; 浜谷 & 木原, 1990）。

　発達心理学では，この2つのアプローチが主流となり，1970年代まで大きな変化は見られなかった。Thomas & Silk によれば，その流れは，比較的最近まで驚くほどの影響力を持っていた。しかし，この2つのアプローチは，描画を心的内容の「刷りだし」とみなし，子どもの知的能力や情緒的適応力を知る手段として描画を用いるという立場をとっている点で，また，出来上がった作品の「表層構造」のみを問題とする立場をとっている点で，認知的研究からは批判される。これに対して，描画の制作過程の重要性を主張するのが，プロセスアプローチと芸術的アプローチである。

（2）プロセスアプローチ

　Freeman（1980）は，描画の制作過程において作品の出来上がりを規定していく「制作要因（production factors）」に着目し，描画プロセスにおける作業偏向やプランニングの問題を検討した。Piaget が，描画は実在の世界を再現する試みであり，心の中のイメージを再現することだという Luquet の命題を採用したのに対して，Freeman は，描画を，最終的な形はその制作

に用いられる手順（プランニングや立案）に依存する「構成活動」であると考え，描画が単に概念的な知識や心的イメージを紙の上に投影したものではないということを明らかにした。

　Freeman 以降，描画研究は出来上がった作品の表層構造のみを研究対象とする立場から，描画の制作過程に着目する研究へと大きく流れを変えてきている。一方，描画発達に関しては，Freeman は基本的には発達の普遍的な流れを踏まえ，子どもの描画発達とは子どもが特殊な図示技能にだんだん熟練していくことだと考えた。この考えは，知覚の構成主義の考えと合致する。構成主義者の知覚理論では，知覚は現存する刺激のみではなく内的な仮説や期待，貯蔵されている知識によって左右され，概念駆動処理（conceptually driven processing）ないしトップダウン処理（top-down processing）によって多大な影響を受ける推論的な過程と見なされている。

　Thomas & Silk は，描画の構成過程の分析が発達心理学や認知心理学に貢献することを示唆している。プロセスアプローチの出現は，描画研究を認知的な研究として位置づけるのに役立ち，後続の多くの研究を生み出した。また近年では，描画活動における子どもの認知的な問題解決方略の研究へと発展している（Karmiloff-Smith, 1990; Dennis, 1992; Morra, Angi, & Tomat, 1996; 山形・清水，1997；山形，1996，2000；田中，2001；Morra，2000，2002，2005，進藤，2014）。

（3）知的リアリズム再考の流れ

　ところで，実験的調査を行い「描画過程」を観察するというアプローチの重要性に気づくことで，Luquet により主張された「知的リアリズム」という概念に関しても，実証的研究によって再考するという動きが認められた。たとえば Freeman & Janikoun（1972）は，取手のついたカップの実験によって，「知的リアリズム」から「視覚的リアリズム」への移行は7歳から8歳にかけて生じると推論したが，Davis（1983）の実験では，4歳から7歳

16　第 I 部　本研究の背景と課題

の子どもに取手が見えるカップと見えないカップを提示すると，4歳児では何れも取手のある規範的なカップが描かれるが，5歳6歳児では取手が隠れているカップでは取手が省略して描かれた。また別の実験（田中，1978）では，4歳5歳児でも見え通りにカップを描き分けることが出来るということが報告された。さらに文脈効果の研究では，描画前に対象物が何であるか命名させて描かせると，規範的な再現描写，つまり「知的リアリズム」に基づく描画が増えることが分かった（Bremner & Moore, 1984; Lewis, Russell & Berridge, 1993）。一方，教示効果についての研究では，「見えたとおりに描くように」方向づけると，5歳児，6歳児でも見え通りに描画するということが報告された（田中，1978：木原・浜谷，1988：平井・竹中，1995）。

　これらの研究の結果から，Freeman & Janikoun で示された年齢（8歳，9歳）よりも年少の子どもでも，描画対象の提示方法や描画を行なう文脈，あるいは教示の仕方などによっては，対象を「見え通りに」描画できることが明らかにされてきた。このことは，7歳以下の子どもの描画が単純に知的リアリズムで括れないことを示唆している。田中（2001）は，「たしかに子どももはかなり早い時期から写実を意図して描くことが見られるが，同時に写実を意図しないものも見られる」とし，子どもの描画発達をリアリズムという枠組みだけで捉えることに疑問を投げかけている。田中は，児童画の多様性を指摘し，児童画の持つ質的独自性を検討していく必要があると提起している。

（4）芸術的アプローチ

　プロセスアプローチでは，描画の「認知的な」問題解決方略に関心を寄せているが，芸術的アプローチでは，描画を芸術的な表現行為の一つとして捉え「創造的な」問題解決方略に関心を寄せている。描画研究を概観すると，対象表現に関する研究ではもっぱら再現情報の伝達能力が研究対象とされ非再現的（nonrepresentational）な特性に関する研究は殆ど認められない。しか

し芸術的アプローチでは，Goodman（1976）の芸術理論を背景に，1970年代末から描画の芸術的側面に焦点を当てた研究がおこなわれた。その先駆けとなったのは Harvard's Project Zero の研究者たちで，絵画の感性的特性；描画の表現性（expression）やスタイル（style），構成（composition）などの知覚や産出の発達に関する研究である（Gardner, 1970, 1974; Gardner & Gardner, 1973; Carothers & Gardner, 1979; Ives, 1984; Blank, Massey, Gardner, & Winner, 1984; Winner, Rosenblatt, Windmueller, Davidson, & Gardner , 1986; Winston, Kenyon, Stewardson, & Lepine, 1995; Jolley & Thomas, 1994, 1995; Jolley, Fenn & Jones, 2004）。

Winner（2006）は，描画と音楽という2つの主要な芸術形式の産出や理解に関する発達的な研究をレヴューし，絵画の認知研究の多くは，再現的な知覚に焦点があてられ，感性的な特性，表現性，スタイル，構成などの非再現的な感覚に関する研究は枝葉末節なこととして，再現的な知覚研究からは区別されてきたと指摘している。この背景には，絶対的な写実主義の魅力が存在する。Winner によれば，2歳と3歳の子どもでさえリアリズムへの好みを優先させ（McGhee & Dziuban, 1993），自分たちが描けるよりもよりリアリスティックな人間の描画を好む（Jolley, Knox, & Foster, 2000）。この発見は，スクリブルの段階から思春期の子どもにまで及んでいる。また子どもたちは，自分たちが描けるよりも的確に表現された遠近法的な描画を好む（Kosslyn, Heldmeyer, & Locklear, 1977）。

非再現的特性の「知覚」に関しては，3歳または4歳の子どもが，表現性，スタイル，構成などの感性的特質を「知覚」する能力を持っていることが報告されている（Gardner, 1970, 1974; Gardner & Gardner, 1973; Blank, Massey, Gardner, & Winner, 1984）。たとえば，未就学児は非再現的な刺激，怒りの線とやわらかい曲線，明るい色彩と暗い色彩などの表現特性に敏感である（Gardner, 1974; Winston et al. 1995）。また，非常に基礎的な研究（Wagner, Winner, Cicchetti, & Gardner, 1981）では，11ヶ月の赤ん坊でさえ，メタファーと類似する「視覚-聴覚」の感覚間の相互関連を統合する知覚能力を持って

18　第 I 部　本研究の背景と課題

いる。彼らは断続的なトーンと断続的な点線を，そして連続的な線を連続的
なトーンにマッチすることができる。しかし，再現的な内容と非再現的な特
性に対する子どもの注意力を比べると，再現的な描写への注意力が勝り，感
性的特質は無視される。

　さらに「産出」に関しても，非再現的特性に関する研究は，再現的な特性
についての研究に比較するとはるかに少ない。表現性（Expression）に関す
る研究では Carothers & Gardner（1979）が，11 歳になるまでは憂鬱な木と
陽気な木を，感性的に描きわけることができないことを報告している。しか
しその後，教示の仕方によっては 11 歳以下でも成功する例が見られ（Ives,
1984），また Winston et al.（1995）は，6 歳，9 歳，12 歳のすべての年齢で幸
せに見える木と悲しそうに見える木を，色彩や線の表現特性を用いて描きわ
けることができることを報告している。つまり 6 歳でも，教示されると，確
実に描画中に気分を示すことができ，気分を表現するための色彩の抽象的な
使用が可能であることが明らかにされた。

　次に構成（composition）に関しては，Golomb & Famer（1983）が 3 歳から
13 歳までの約 600 名の子どもの 1000 枚以上の描画の構成的な原理を分析
し，整列（alignment）や中心（centering）の法則を見出した。さらに，スタ
イル（Style）に関しては，Hartley 等（1982）が，5 歳までに認識できるスタ
イルを持つ子どもがいることを報告している。子どもたちが描画スタイルを
持つという論証は Pufall & Pesonen（2000）によっても報告されている。ま
た，Watson & Schwartz（2000）は，5 歳から 8 歳の子どもの方が，9 歳から
10 歳の年長者よりも明確に区別できる描画スタイルを持つと報告し，学童
中期の子どもたちの描画は未就学期の子どもたちの描画より，紋切型でステ
レオタイプであるためであろうと推測している。

　一方，1990 年以降，日本でも再現的な表現の偏重から逸脱し感性的な表
現に着目するという動きが見られた。寺川（1991, 1992）は，Blank et al.
（1984）や Hartley（1982）そして Ives（1984）などの研究について検討し，そ

れぞれの実験結果において年齢的なずれを生み出しているのは，課題によって難易度に差があるためではないかと指摘している。また表現性の研究は，評定者の判断が大きく作用すると考え，子ども自身が象徴性を意図しているか否かについては，方法と解釈の慎重な吟味が必要であるとした。寺川はHarvard's Project Zero の研究者たちが，隠喩的な表現を慣習的な写実表現から逸脱したものとみなし，そこに個人に特有な芸術性を見た点には疑問があるとし，表現性の発達研究の難しさを指摘している。

　さらに古池（1996，1997，2008）は，描画を事物の再現的な表現（representation）と捉えると同時に，再現的な内容や形式的な性質を通して感性的な性質（表現性：expression）を伝えるものであるとし，描画の感性表現研究を行った。古池（1997）は，寺川に続いて Ives（1984）の研究の再検討を行い，子どもが描画において感性的な性質を表現する際の方略について，描き手の言語報告を分類記述し，感情を描画において表現する際にいかなる知識操作がなされるかを明らかにした。古池は，「感情についての知識」と「描画においてどのように表現すれば感情が伝わるかという知識」の間には時期的なずれがあるとして，子どもの表現方略の発達的変化とその変化のメカニズムについて，「知識-スキル-ワーキングメモリ」の関係を検討することが必要であると指摘している。さらに2008年の研究では，Hartley ら（1982）の「個々の子どもの描画表現には発達的に変化する側面と時間を超えて個人内で一貫している側面がある」という考えに基づいて表現方略の個人差を検討し，優位な認知能力が軸となる表現方略を規定している可能性があるのではないかと指摘している。描画表現と他の認知変数との関係については今後の課題と考える。

（5）描画の U 型発達の論争

　ところで描画の感性的表現の発達に関して，Gardner（1980）や Winner & Gardner（1981）は，子どもの描画は就学前に芸術的爆発を見せるが，児童

20　第 I 部　本研究の背景と課題

期には衰え思春期以降になって描画に才能や興味を示す子どもたちにのみ再び戻ってくると報告し，描画の U 型発達の論争を生み出した。この問題は現在では，感性的表現の発達は芸術的な能力が年齢とともにリニアに発達していくのか，あるいは学童中期（9 歳，10 歳）には停滞期に入るのかという問題に焦点化されている。

　多くの場合，描画スキルは年齢とともに（写実的に描く能力も含めて）上達するということには，ほとんどの研究者が賛成する。しかし，子どもの感性的次元の表現が年齢とともに上達するという考えには，必ずしも賛成していない。たとえば Davis（1997）は，描画の U 型発達のはっきりとした証拠を提示した。Davis は，5 歳，8 歳，11 歳，14 歳および成人の非芸術家と，14 歳および成人の芸術家の 7 つのグループに分け，描画の感性的次元（happy, sad, anger）に関して，表現としての線の使用や表現としてのコンポジションの使用などを点数化し比較した。その結果，成人の芸術家のスコアは，8 歳，11 歳，14 歳（非芸術家）そして成人（非芸術家）よりもはるかに高いものであった。しかし，5 歳と 14 歳の芸術を志望する思春期群とは違いがなかった。このように 5 歳児の描画のみが，成人の芸術家や思春期の芸術家と似ていたことは，描画の感性的な次元の U 型の発達を示唆すると Davis は報告する。

　しかしこれに対して，U 型曲線は客観的に存在する現象であるが，それは西欧の感性表現主義（Western modernist expressionist aesthetic）の成果であって文化的な決定であるとして，Pariser & van den Berg（1997）は反論する。Pariser らは，西欧人が年長の子どもの作品よりも幼稚園児の作品をより感性的であると判断するのに対して，中国系アメリカ人ではその反対であることに気づき，文化的な背景がスコアの判定に影響を与えるのではないかと考えた。U 型発達の問題は，反論も含めて，現在も検討されている。

　以上，描画研究の 4 つの基本的なアプローチを中心に描画研究の動向を概観した。Winner（2006）は，一連の発達研究のレヴューにおいて，描画の感

性的特性についての研究は再現的な特性に関する研究よりもはるかに少ない
ことを指摘し，結局は，視覚的な芸術はリアリズムを前提としているという
ことを反映しているのかもしれないと記述する。しかし，同時に，このこと
が描画を「一元的な」現象として括り，子どもたちの描画の多様性や質的独
自性への検討を奪いかねないものであるとも指摘する。以下では，少ない研
究ではあるが，描画行動の個人差に触れる先行研究を概観する。

2.4　描画の個人差研究

（1）投影系の使用に関する個人差の報告

Piaget & Inhelder（1966）は，子どもの空間関係の捉え方について，位相
的，射影的，ユークリッド的という順で発達するとし，「知的リアリズム」
は位相的発達段階と，「視覚的リアリズム」は射影的，ユークリッド的発達
段階と結びつくと考えた。一方，Willats（1977）は，子どもが3次元的な関
係を2次元の紙に描けるようになるためには，投影系の使用について学習し
なければならないいくつかの規則があるとし，正投影法，垂直斜投影法，斜
影投影法，透視画投影法の4つの系を考えた。

Willats によれば，「正投影法」とは投影系の初期のタイプで奥行きを提示
しない，「垂直斜投影法」とは奥行きはあるが垂直の次元に変換される，「斜
影投影法」とは平行光線が絵の平面にどの角度からも当たる，「透視画投影
法」とはルネサンス以来のいわゆる遠近法である。Willats は，このような
投影系の使用に関して発達段階説を採用し，子どもは「正投影法」，「垂直斜
投影法」，「斜影投影法」，「透視画投影法」へと段階的に進み，ある段階は子
どもがその描画法では十分によい表象が描けないと思うまで続き，自然透視
画法である全体的な視点へと近づいていくと説明した。

さらに Willats（1984）は，4歳から13歳までの子どもたちの立体写生を
分析し，発達は明らかだがそれは大きく二群に分けられることを見出した。

一つは，「投影（connotation）システム」によるグループで，描画は対象の射影幾何学によって引き出される。もう一つは，「表示（denotation）システム」によるグループで，描画は射影幾何学によらず表示システムに由来している。投影システム群の子どもは，年長になるにしたがって次第に，自然透視画法である全般的視点から対象を示す絵を描き，二次元上に三次元関係をより巧みに示すようになる。それに対して表示システム群の子どもは，対象の知覚を現実世界との対応において捉えるが，投影システム群ほどには巧みに描けない。このように Willats が報告する二群の子どもたちは，何れも最終的には「透視画投影法」の描画に近づいていくが，対象の知覚に関しては，明らかに異なるプロセスを経て構造を把握し描いているように見える（村山，1988）。この指摘は，描画発達の道筋が単純に，単一の過程であると仮定することを躊躇させる。同様の報告は，Shotwell, Wolf, & Gardner（1980）のシンボル機能の発達に関する報告にも認められる。

（2）シンボル機能の発達に関する個人差の報告

　シンボルを用いる能力は人間の認知の証明と考えられてきた。子どもたちはそれぞれの文化において，シンボルの使用を習得し，熟達し，理解できる（legible）メッセージを作り出し，同じ文化に属する他者が作り上げた意思伝達を「読む（read)」能力を高めていく。

　Shotwell, Wolf, & Gardner（1980）は，シンボル使用における初期の過程を明らかにするために，9人の新生児に対する5年間の縦断的観察によって，7つの異なった領域，すなわち，言語（langage），象徴遊び（symbolic play），二次元の表現；描画（two-dimensional depiction; drawing），三次元の表現：粘土と積み木（three-dimensional construction; modeling with clay and building with blocks），動き（movement），音楽（music），数（number）に関して初期のシンボル使用における獲得のスタイルを検討した。その結果，シンボル機能の発達には共通したパターンがある（順序尺度的な発達においては同じ基本的

な段階に到達することに向かっている）が，それが実現される方法にはかなりの個人差があることを見出し，初期のシンボル獲得には，少なくとも2つ異なった道筋（またはスタイル）が存在するという興味深い知見を報告している。

　一つは，人や感情の世界に対する強い関心を示すことから始まり，個人的な出来事，劇的で物語的な構造をもつ出来事に興味を示し，他者とのコミュニケーションを共有しながら対象を表象的に利用することに一貫した関心を示す「物語化（dramatizing）」と呼ばれるスタイル，もう一つは，個人的経験の再創造より「対象の特性」の探索に注意が向けられ，対象の形状や配置等の知覚可能な属性や発展性に強い関心を示す「パターン化（patterning）」と呼ばれるスタイルである。この2つの異なったスタイルを示す子どもたちでは，対象との交渉遊び（relational play）といった種類の「遊び」においても非常に早くから差異が認められた。例えば「物語化」のスタイルの子どもたちは，対象を用いて遊ぶ場合，しばしば他者が含まれ（たとえば大人の手の中に対象を落とす），他者との関係は相互作用的であった。一方，「パターン化」のスタイルの子どもたちは，他者との関係は個人的で独立的であった。また3次元構成（積木）では，「物語化」のスタイルの子どもたちは，積木に「意味」を付与し象徴遊びに利用した。一方，「パターン化」のスタイルの子どもたちは，空間的な配置の問題に興味を示し，対象間の大きさや形に基づいた関係を探索し複雑な方法でバランスやシンメトリーといった問題に取り組んだ。

　Shotwell らの報告は，非常に少ない人数で一般化できる範囲においてではあるが，シンボル使用の獲得における「個人差」を見出している。彼らは，Piaget 等によって明らかにされた，初期の認知発達の一般的な軌跡を認めながらも，2つのスタイルの詳細を知れば知るほど，「言語 vs 視覚的傾向」や「人 vs 対象志向性」の，基本的に異なる発達の筋道を示す子どもたちがいることを報告する。また，これらのスタイルは 12-14ヶ月で出現し，

24　第Ⅰ部　本研究の背景と課題

24ヶ月で強化され，子どもたちが経験世界の重要な側面を，象徴的に再創造するために「媒体（media）」を使用するようになるにつれて明らかになることから，こういった差異は永続的なものであり続けるかもしれないと推測する。Shotwell らの報告は，これまで単一の過程であると仮定されてきたシンボル使用におけるコンピテンスの獲得の道筋に，複数のバリエーションが存在することを示唆している。この報告は，シンボル使用のパターンに関して起こりうる「個人差」を明らかにするための論理的な出発点を提供していると考えられる。

（3）2つの描画スタイル―ドラマティストとパターナー―

　一方，Gardner（1979，1980，1982）は，とくに描画（drawing）においてこの2つのスタイルを示す子どもたちをそれぞれ「ドラマティスト（dramatists）」と「パターナー（patterners）」と命名し，詳細な報告を行なっている。たとえば Gardner は，3歳半の典型的なパターナーとドラマティストの描いた絵を比較して，両者の楽しみが全く異なると報告する。ドラマティストは，描画することと同じくらい描画を取り巻く他者との交流を面白いと感じ，絵は単純な輪郭線で描かれるが，命名され，夥しい量の言葉（でまかせ話）を生み出す。一方，パターナーは描いている間は何もしゃべらず，細部の隅々にまで注意を集中させる。彼らは視覚的可能性の探求を楽しみ，描線ですべてを語ろうとし，作品に命名する必要を感じない。また仕事を始めるに当たってわずかな刺激しか必要とせず，流動的に制作を開始する。Gardner によれば，ドラマティストは，人間中心型（person-centered），言語型，コンプリターズ（completers）として，一方，パターナーは物質中心型（object-centered），視覚型，自動スターターとして特徴づけられる。

　さらに Gardner は，描画力を認知発達と結びつけて発達段階を抽出している。それによると，2歳，3歳でシンボルの追及が盛んになるとともに，ドラマティストとパターナーの2つのスタイルが登場し，5歳から7歳の表

現力の開花する時期には，ドラマティストは「言語型」として，パターナーは「視覚型」として，子どもたちはそれぞれ特徴的な描画活動を展開する。この時期は，描画メディアが最も効果的な時期である。しかし，7歳から12歳の視覚的リアリズムの段階では，子どもたちの関心は動きや三次元の表現をいかに正確に達成するかに集まり，2つのスタイルは影を潜めてしまう。また，言語的なチャンネルへの関心も彼らを描画から遠ざけ，むしろ描くか描かないかの個人差の方が顕著になると説明される。

　では，ドラマティストとパターナーの個人差は消えてしまうのであろうか。Gardner は，子どもたちが思春期を過ぎて，それぞれの表現スタイルを確立する時期（12歳以上）になると，再び，再現性よりも広範囲のスタイルを実験し，新しい表現領域や心理的表現が可能となると記述する。とすれば，2つのスタイルは7歳から12歳の視覚的リアリズムの段階においても，実際には潜在していると考えられるのではないだろうか。しかし，この2つのスタイルは，描画研究者の記述や話題の中でたびたび取り上げられるものの（村山，1988；浜谷，1994；平沼，2000；田中，2001），これまで研究の対象として言及されることは殆どなかった。

　浜谷（1994）は，発達初期の芸術的なシンボルの使い方に従来考えていた以上に大きな個人差があり，ドラマティストとパターナーのような個人差が見られることは間違いないとしつつ，どの程度「類型」に分けることができるかは，今後さらに研究が必要であると述べるに留まっている。さらに発達的に差がないのにドラマティストとパターナーの絵に見られる著しい違いについて，それは二人の描画能力の差というより，子どもたちの絵に課している役割の違いにあるのではないかと推論している。ではなぜ，それぞれの子どもたちにとって，絵に課する役割の違いが生じるのであろうか。シンボル獲得の個人差は，どのような条件で生じ，それはシンボルの使用にどのように影響するのであろうか。

　Gardner は，幼児の個性的なスタイルの違いは，子どものシンボル化への

26　第Ⅰ部　本研究の背景と課題

一般的要求やそのメディアで要求された特定の課題や，子どもの人生を色づ
ける最近の出来事や，性格特性や動機付けによって決まるのではないかと推
論する。また，一方では，シンボル化という普遍的な特性を理解するには
「認知スタイル」という概念を美的領域の中に充当させることを提唱してい
る。さらに Kose（1984）は，Gardner の貢献を認めながらも，これまでの心
理学は芸術の創造や解釈の意図（intention）の確立に手をつけなかったとし，
シンボルの意味とその意味に関するコンピテンスは「形成過程」の中で研究
されねばならないと主張する。シンボル獲得における個人差の問題は，描画
研究における発達的・認知的課題を提起している。

（4）対比的な描画傾向—具象タイプと非具象タイプ—

　ところで新妻・新妻（1996, 2002）は，民間の造形教室において，常時 200
名に及ぶ子どもの活動を 30 年以上に渡って観察してきた。そこでは 5 歳か
ら 18 歳までの異年齢の子どもたちの横断的な観察と，一人の子どもの平均
6, 7 年から 10 年以上の縦断的な観察が可能である。その結果，子どもの造
形活動に関して対比的な傾向があることに気づいた。

　とくに描画では，形を構成する「点・線・面」や造形要素の色彩やテクス
チュアの扱い（処理）に差異が認められた（新妻, 2002）。一つの群では，表
現媒体の「線や色彩」が主題（What）に従属し，造形要素は写実的な表現手
段として用いられた。もう一つの群では，「線や色彩」が写実的機能から離
れて，それ自体が独自の表現機能を持つものとして意識された。前者では，
外的・客観的な事物としての対象を再現する活動が活発で，描画は具象的な
（figurative）表現となり（具象タイプ），後者では，対象の再現とは次元を異に
する異質な要素，物質感や運動性などを操作（exploration）する活動が活発
で，非具象的な（non-figurative）表現が認められた（非具象タイプ）。

　さらに新妻は，この 2 つの対比的な傾向を示す子どもたちと，Gardner が
示唆する 2 つの描画スタイルを示す子どもたちとの間には，いくつかの共通

点があることに気づいた。たとえば，再現する活動が活発で，専ら「何を描くか（What）」に興味を示す子どもたち（具象タイプ）は，描画することと同じくらい他者との交流を楽しみ自分の描画内容を他者に伝達することに関心を示すが，ドラマティストもまた，創造と併せてコミュニケーションを行うことを重視する。彼らの関心は，人間のフィードバックと相互関係に向けられ，両者は「人間中心型（person-centered）」という点において共通していると考えられた。一方，主題という具体的な「意味」に関心を示さず，表現媒体の線や色彩を「探索的」に用いることに関心を示す子どもたち（非具象タイプ）は，表現媒体の物理的特性や視覚的内容の多様さ（例えば線のニュアンスや点の粗密など）に敏感であり，造形的な構成に関心を示すが，パターナーの関心もまた，対象の物理的な側面，形や大きさや感触といった対象の属性に注意が向けられ，複雑な方法でバランスやシンメトリーの問題に取り組むなど，視覚的な可能性を探求する。つまり両者は「視覚中心型」あるいは「物質中心型（object-centered）」という点において共通していると考えられた。

　そこで新妻は，経験的に観察された対比的な表現スタイルを示す子どもたち（具象タイプと非具象タイプ）と，Gardner とその共同研究者が報告する対比的な傾向を示す表現スタイルの子どもたち（ドラマティストとパターナー）との間には，何らかの認知的に共通の問題を含んでいるのではないかと考えた。では，どのようにすれば，これらの対比的な傾向を示す子どもたちの描画や描画行動を心理学的な研究の俎上に載せることができるのであろうか。以下では，研究の方法論とその枠組みを検討するために，描画および創造性研究領域における認知的研究および関連研究を概観し，さらに広く認知心理学や情報科学の知見を参照することとする。

第3章
描画および創造性研究領域における認知的研究の動向と知見

3.1 描き手の認知過程に着目する研究の動向

　描画研究を概観すると，従来の描画研究では記述的方法論に基づく研究が多く実証的・量的な方法論に基づく研究は少ない。たとえば Gardner (1979, 1980) は認知発達的な視点から描画発達を報告しているが，Gardner の発達的シェマ (schemes) は説明記述的な観がある。しかし，近年では，描画の制作過程に焦点を当てた研究が行なわれるようになり，現象の記述から描画活動に関与する固有の要因を明らかにしようとする動きや，描き手の認知過程についてのモデルによる現象の説明が認められる。(van Sommers, 1984, 1989; Wallon, Cambir, & Engelhart, 1990; Dennis, 1992; Morra, Angi, & Tomat, 1996; Vinter, 1999; Morra, 2002, 2005, 2008)。

　van Sommers (1984, 1989) は，描画発達のメカニズムに迫るために，VTR を用いて描画ストロークスの運動軌跡の特徴や利き手の差異の影響などを解析し，描画行動の運動メカニズムとスキルについての体系的な分析を行った。また，描画プロセス・モデルを提示し (1989)，刺激の入力段階では空間認知が関与する視空間情報の分析 (visual analysis) が行われ，その空間認知に基づくことで対象の表現形式の決定 (depiction decision) が行われるとした。また，Wallon, Cambier, & Engelhart (1990) も描画過程における認知的なプランニング過程の検討を行なうために，コンピュータによる画像解析の方法を用いて児童の描画行動における線描の展開過程を分析した。一方，Dennis (1992) や Vinter (1999) は，作業記憶 (Working Memory) に関

する Pascual-Leone（1970）の理論や，操作効率に関する Case（1985）の理論に基づいて，描画課題におけるパフォーマンスと作業記憶容量との関係を検討した。また最近では，Morra（2002, 2005, 2008）が構成操作子理論（Pascual-Leone, 1987）に基づいて，描き手の認知過程のモデルを提示している。構成操作子理論（Theory of Constructive Operators）では，形象シェマ（figurative schemes）と操作シェマ（operative schemes）に大別される第一レベルのシェマと，一般目的メカニズム（general-purpose mechanisms）という2つのレベルが仮定されている。第二レベルの一般目的メカニズムは，特定の情報内容をもたずシェマの活性を増加・減少させる機能を持ち，新たなシェマの形成を可能にする働きをもつ。これらのメカニズムの中でも特に重視されているのが中央実行系の機能であり，Pascual-Leone（1987）は作業記憶に関わる中央演算領域 M（central computing space M）の増大が，認知課題のパフォーマンスに影響を与えるとしている。

　描画課題を認知課題とみなすと，構成操作子理論は新しい描画研究の理論として，描き手の認知過程のモデルを統合的に説明する可能性を秘めていると考えられる。しかし，古池（1996）も指摘するように，この理論では作業記憶に関わる中央演算領域 M の容量（以下 M 容量と記述）を領域一般のものとみなし描画課題パフォーマンスの発達的な変化の説明項として用いているが，この仮定は課題が必要とする認知処理によって使用される処理資源が異なるという領域固有性（domain specificity）に抵触すると考えられる。また，作業記憶に関わる M 容量の増加は，年齢とともに増加する視覚的体験や知識に依存する部分が多く，描画発達と認知発達との相関は検討できるが，個人差や描画スタイルの説明項としては充分ではないと考えられる。しかし，描き手の認知過程に着目する研究は数が少なく，M 容量以外の説明項に踏み込んだ研究も見当たらないことから，次に，創造性研究領域における認知的研究を検討する。

30　第Ⅰ部　本研究の背景と課題

3.2　創造性研究領域における認知的研究の知見

（1）創造的問題解決（CPS）モデル

描画を創造的行為とみなすと，認知過程に着目する研究の範囲を創造性研究領域全般まで広げることが可能であろう。認知心理学の視点から見ると，創造性の過程を立証しようと試みることは興味深い問題の一つである。しかし創造性に関する研究は，長い間，科学的な研究の方法が確立されなかった。

Eysenck（1990）によれば，創造性（creativity）とは，特異で高度な問題解決（problem solving）を生み出す能力のことである。また「問題解決」とは，その問題を解決する人にとって自明な解決方法が手に入らない場合に，与えられた状況を目的とする状況に変換するために費やす「認知的な処理」を指す。この定義には，問題解決は認知的なものである，問題解決はプロセスである，問題解決は方向づけがなされている，問題解決は個人的なものである，の4つの基本的な考え方が含まれている。

ところで「問題」は，初期状態・ゴールの状態・利用可能なオペレータがどのように提示されるかによって異なり，この3つが明確に提示されている「良構造問題（well defined problem）」と，この3つのうち1つ以上がはっきりと提示されていない「悪構造問題（ill defined problem）」に分けられる（Kahney, 1986）。描画（drawing や painting）は最終的な「解」が想定されていないことから，典型的な悪構造問題と考えることができるだろう。

良構造問題と悪構造問題では，その解決法も異なってくる。たとえば良構造を示す定常問題（routine problem）では，問題解決者がその問題を解決するために既存のストラテジーを利用できる。Lubart（1994）は，問題を解決する定形的な手法・技法（algorithm）が存在する問題解決を，normal なあるいは routine の問題解決とした。一方，悪構造の非定常問題（non-routine problem）では，問題解決者はそうしたストラテジーを利用できない。Treffinger（1995）や Isaksen, Puccio, & Treffinger（1993）は non-routine な問題解決を，創造的問題解決（Creative Problem Solving: CPS）と捉え，創造的な側面に焦点を当てた。Treffinger（1995）によれば，創造的問題解決とは，問題や事態あるいは新たに挑戦する事柄を定式化（formulate）したり，多様な選択肢を生成・分析したり，効果的な新しい解決法や行動の方向づけのためのプランを立てたりする際に，個人や集団が利用可能な枠組みである。Treffinger は，この考えに基づいて「創造的問題解決（以下 CPS と記述）モデル」を提案した。このモデルは，問題の理解（Understanding the Problem），アイディアの生成（Generating Ideas），行動のためのプラン（Plannig for Action），課題の評価（Task Appraisal）の4つの基本要素で構成され，相互に関連，作用しあう循環的な構造を形成している（Treffinger, 1995）。

（2）CPS モデルに基づくコラージュ制作過程の分析

佐藤（1998, 2001）は，コラージュ（Collage）が原理的に創造的思考における概念の結合や構成的操作と深い関連性をもつ表現行為であると考え，コラージュ制作過程を CPS 過程として捉え，行動探索的方法を用いて，外的な行動過程と内的な認知過程の解明を試みた。佐藤の研究は，認知科学的な情報理論を背景とした実験心理学的方法を採用し，創造的行為を科学的研究の俎上にのせた数少ない先行研究であり，本研究に有効な枠組みを与えてくれると期待される。また芸術上のコラージュは，本来，第一次大戦中のヨーロッパに起こったシュルレアリスム（Surréalisme）が生み出した絵画技法のパピエ・コレ（Papier Collé ／貼り絵技法）を発展させたものであり，造形活動の一つとして，描画（drawing, painting）に近い活動と捉えることができるであろう。そこで以下では佐藤（1998, 2001）の研究の方法を詳述し，検討する。

佐藤は，コラージュ制作過程を，初期状態（素材・道具・教示）からスター

トして最終的な目標状態（コラージュ作品）に至る一連の行動・プランニング過程として捉えた。また，目標状態（コラージュ作品）は制作過程の中で探索的に生成されてゆくと考え，制作過程に焦点を当てた視点（on-line/moment to moment）に立って，コラージュ制作過程で人はどのような行動をとるのか，制作行動には人によってどのような差異があるのか，作品内容は人によってどのような差異があるのか，それらの差異は何に起因するのか，の4つの基本的課題について探索的な解明を試みた。

　佐藤は，この4つの課題の手がかりを見出すために，制作行動過程に何らかの違いが予想される対象者群（一般成人群と知的障害者群）を選定し，その比較を行った。その結果，制作行動に関する課題からは，3タイプの行動パターンが見いだされ，制作行動の個人差が行動ユニットの出現割合の差異として，さらに制作行動パターンの全体的構造特性における差異として，記述された。また，作品内容の特性に関しては，質的特性・量的特性・作品構造特性の3つが検討され，さらに制作行動および作品内容の各特性とプランニング特性との対応関係が分析され，いずれもプランニング方略の「大域的-局所的」特性を反映することが示唆された。佐藤は，大域的なプランニング特性はトップダウン式の収束的思考傾向を反映し，局所的なプランニング特性はボトムアップ式の拡散的思考傾向を反映すると考えている。またプランニング特性の個人差には，大域的-局所的次元（the global-local dimention）上に捉えられている「思考スタイル（thinking style）」や「認知スタイル（cognitive style）」の違いが反映されていると推測している。

　佐藤の研究は，客観的・科学的な法則定立的方法論によるもので，創造過程の分析に関して，新しい認知科学的な視点から組み立てられている。また，個人差に着目している点も参照される。ただし，コラージュと「描画」とは原理的にその出発点で条件が大きく異なる。たとえばコラージュでは，素材図版が限定的に提示されることから被験者のプランニングや行動特性は一定の偏り（preference）を受けると考えられる。一方，描画ではこのよう

な初期条件は提示されない。描画は，初期状態，ゴール状態，利用可能なオペレータのいずれの段階も「未決定（open-ended）」で，より自由度が高い。つまり，創造的問題としては，描画のほうがより「悪構造の問題」であり，科学的に取り扱うことが難しい。そこで，本研究では，実験心理学的手法を可能とするような調査（実験）の方法を独自に工夫する必要があると考えた。さらに，佐藤は今後の課題として，プランニング特性を規定する要因の解明をあげているが，創造的行為におけるメカニズムの解明は課題として残されたままである。そこで次に，認知の個人差および個人差要因に言及する先行研究を概観する。

3.3　認知の個人差および個人差要因に関する動向と知見

（1）知的行動の個人差研究

　一般に，心理学での個人差（indivdual differences）は，正常な範囲内での平均値のズレとして用いられる場合と，認知スタイル（cognitive style）のように，ある特性の違いとして用いられる場合がある。後者の場合は，量的な違いよりも質的な違いに焦点があてられ，特性の違いを考慮した学習や指導方法を検討していく必要があると考えられた。しかし，このように考えられるようになったのは1950年代以降のことで，「教授–学習過程」の分野において，教育の個性化あるいは学習指導の最適化をはかる方法として，適正処遇交互作用（Aptitude-Treatment Interaction: ATI）の研究が報告されるようになってからである。それ以前は，学習者の認知の個人差は平均化によって相殺されるか「誤差」として扱われることが一般的であった。

　ところで，知的行動に関する認知的研究の歴史を概観すると，計量的アプローチ（psychometric approach）と情報処理的アプローチ（information-processing approach）の2つの接近法が認められる。前者は，因子分析（factor analysis）法などを用いて認知の個人差を構成する因子を明らかにする

接近法であり，20 世紀前半の知能研究の殆どは心理計量学に基づく因子分析の研究によって占められていた。一方，後者の情報処理的アプローチは，人間をある種の情報処理系とみなし，情報処理システムを用いて人間の心的過程を記述し説明しようとする接近法である。

　Guilford（1961）は，計量的アプローチを代表する研究者であるが，人間の知能には，知能テスト（intelligence test）では適切に評価されない重要な側面があるとして，拡散的思考（divergent thinking）と収束的思考（convergent thinking）とを区別し，物の使い方テスト（The Use of Object Test）や創造性テスト（Creativity Test）のような，拡散的思考を用いるテストの得点と一般的な知能テスト得点との比較を行なった。この拡散的思考は，新奇な状況に対する多様な価値ある選択肢を思いつく能力で，その大部分は創造性と関連すると考えられ，創造的思考を促進する「思考スタイル」や「認知スタイル」への大きな関心を引き起こした。たとえば，Hudson（1966）の認知学習スタイル（cognitive learning style）の研究では，収束思考者（converger）と拡散思考者（diverger）では，学習課題に取り組む比較的一貫したやり方に関して，明らかに異なることが報告された。

　一方，1970 年代の始め頃から，認知心理学における情報処理アプローチ（information-processing approach）が，知能の実証的研究に影響を及ぼすようになってきた。Hunt（1978）は知能の研究に取り組んだ最初の認知心理学者の一人であり，認知過程を情報処理という視点からモデル化し，そこから理論的に知的行動の個人差を説明しようと試みた。Hunt は，認知過程を，短期記憶・中期記憶・長期記憶・制御システムからなる情報処理機構としてモデル化し，各過程における遂行力と知能テストとの相関を調べた。Hunt の目的は，知的行動の個人差（たとえば知能テストなどの成績の差）を，特定の情報処理過程における遂行力の差に置き換えることであった。しかし，この方法は相関が認められても，実際には知的行動にどの情報処理能力が関与しているかを特定できないという問題点も指摘された（中島・大田，1995）。Hunt

の研究は，認知の個人差要因の研究というよりも，知能の個人差要因に認知過程を利用するという側面にウェイトが置かれていたと考えられる。

それに対して Sternberg（1977）は，Hunt が研究したものより複雑な認知課題を用いて，心理計量学的に測定された知能と認知課題の遂行成績の関係を調査した。Sternberg は，知的課題の心的過程を「符号化」「推論」「重ね合わせ」「適用」「正答化」「準備-反応」の各部に分析し，そこに関わるさまざまな認知処理の段階を明らかにする「構成要素的分析（componential analysis）」を行い，特定の課題解決に必要な心的過程を分析した。この課題分析的な方法は Hunt の方法を補い，知的行動の個人差研究の方法としては有力な方法を提示すると考えられた。しかし課題分析的な方法は，特定の課題に含まれる内的過程が分析の対象となるために，認知過程全体の情報処理能力を検討することは難しいと考えられた。そこで認知過程全体を問題とする新たな視点が必要となった。

（2）個人差要因としての認知スタイル

認知スタイル（cognitive style）は，より複数の領域にまたがり，高次のヒューリスティック（heuristic）として，低次レベルの方略や操作，性向（能力を含む）などを統合して問題解決や学習などの複雑で連続的なプロセスを組織する役割を持つ（Messick & Associates, 1976）。ある特定の内容領域や機能にのみ当てはまる「能力」とは異なり，ほとんどあらゆる認知課題の成績に影響している。つまり認知スタイルは，個々人がどのように情報を知覚し，記憶し，問題解決するのかという「認知過程の様式」に関する総合的な概念である。また認知スタイルは，一極的な価値をもつ「能力」に対して，価値的に分化していて，それぞれの極が適応的な価値をもつ。このことは，教育の個性化や学習の最適化を図る ATI の視点からも重要である。さらに，認知スタイルは，状況が変わっても一貫して同じ傾向を示すと考えられることから，情報処理における個人差を説明する概念として有効であると考えら

れる。

Sternberg & Lubart (1993) は, 創造性の「多重要因アプローチ」を展開し, 創造性の認知的資源として知能 (Intelligence), 知識 (Knowledge), 知的スタイル (Intellecutal Style) を, 情緒的-動機づけ資源としてパーソナリティ (Personality) とモチベーション (Motivation) を, そして環境的資源として環境 (Environment) の 6 つの構成要素からなる包括的理論を展開した。Sternberg & Lubart によれば, 創造的思考は適切な知的プロセス, 十分な知識, 適当な知的スタイル, 正しい情緒的および動機付け的要因, そして必要な環境資源の利用可能性の産物であるとされる。知的行動の個人差は長い間, 知能テストによって測られたものを基準として説明されてきた。しかし, 知能テストによって見出された因子は, 実際には実験心理学的または神経生理学的な研究によって理論化されたいかなる内的過程とも無関係に抽出されたものであると指摘され (中島・大田, 1995), 現在では多重要因モデルが知能テストによって見出される因子よりも, 認知心理学の主流の考え方と直接的に関連づける助けとなりうると考えられている。本研究では, 多重要因の一つとしての「認知スタイル」に着目する。

（3）「場依存・場独立」認知スタイル

「場依存-場独立認知型 (field dependent-independent cognitive style: Witkin & Goodenough, 1977, 1981)」は, 認知スタイルの中で最も歴史が古く, 現在も引用され続けている。Witkin & Goodenough は, 傾けられた枠組みの中に置かれた棒を垂直に定位させる「棒-枠組み検査 (Rod-and-Fame Test; RFT)」と, 複雑なゲシュタルトの中にはめ込まれた, 単純図形を発見させる「埋没図形検査 (Embedded Figures Test; EFT)」という一連の知覚的検査によって,「場：全体の文脈 (context)」と「部分」に関する知覚能力の個人差を見出し, ゲシュタルト法則に従い知覚的体制化を受けやすい傾向を,「場依存的 (field dependent cognitive style)」, そうでないものを「場独立的 (field independent cognitive style)」とした。

　Witkin らによれば、「場依存型」の人は対象を全体としてとらえる傾向がありその中の要素（部分）に注目することは少ない。そのため、棒-枠組み検査（以下 RFT と記述する）では、外枠の傾き（外部の視覚的手掛かり）に知覚的判断（内部の筋感覚的手掛かり）が影響される傾向があり、埋没図形検査（以下 EFT と記述する）では、特定の図形が全体のパターンの中に埋没してなかなか見つけ出すことができないとした。これに対して「場独立型」の人は、対象の一部を「場（全体の文脈）」から切り離して知覚する傾向があり、RFT では外枠の傾きに影響されずに自分の身体的な垂直の感覚を基に判断し、EFT では比較的短時間で特定の幾何学図形（部分）を複雑なパターン（全体）の中から見つけ出すことができるとした。

　さらに Witkin, Goodenough, & Oltman（1979）は、「場依存・場独立」の概念を、人が知覚的場を構造化するときの個人差の次元にまで拡張し、「未分化・分化」という一般的な概念を上位概念として導入した。Witkin らは、「場依存型」の人は与えられた文脈をそのまま受け入れ、外界をより全体的（holistic）にとらえる傾向があり、部分よりも全体として経験を処理するとし、認知機能が「全体的」であるとした。一方、「場独立型」の人は全体の中に含まれる各部分を別個に知覚し、刺激をその背景から区別して認知する傾向があり、文脈の影響を排除することができ、全体を部分からとらえるとし、認知機能が「分析的」であるとした。現在では、場依存・場独立の概念は、場への全体的アプローチ対分析的アプローチ（global vs. articulated field approach）の次元にまで拡張されて解釈されている。

　一方、発達的変化に関しては、Witkin, Goodenough, & Karp（1967）は、認知機能の分化レベルは年齢が増すにつれて高くなるが、各年齢集団における個人の分化レベルの相対的位置はかなり安定していると報告する。つまり、場依存と場独立の発達曲線は得点に差があるので一致しないが、曲線の形、すなわち発達の型は類似している。その結果、この認知型は各個人でか

なり一貫した傾向を示すものと解釈された。

　以上，「場依存・場独立」の概念は，認知過程の個人差に考慮している点で，また人間行動のより広範な領域における適用が可能であり統合的な概念である点で，そして二極的であり一方向的な価値を伴わない点で，描画行動における認知の個人差要因として有効な概念であると考えられる。一方，問題点も指摘され（加藤・加藤，1983），「場依存・場独立」認知型の概念の妥当性および実際的有用性については，さまざまな領域で検討されている（富永・下地，2002；中村，2003；Kitayama, Duffy, Kawamura, & Larsen, 2003；太田・小野，2003；石井・北山，2004；三崎，2006 など）。また最近では，Poirel, Pineau, Jobard, & Mellet（2008）が新しい視点から，場依存性と大域優位性の関連性を探る実験を行っている。次に，Poirel らの実験結果に言及する。

（4）場依存性と大域優先性の関連性に関する研究

　Navon（1977，1981，1983）は，大域情報と局所情報が個別に変化させられた複合文字（Navon 課題）を用いた実験を行ない，刺激全体の体制化が構成成分の認知に及ぼす影響について検討し，大域情報処理の優先性（大域優位性）や「局所対大域干渉」といった現象が見られることを報告した（Navon 現象）。Navon の実験によれば，被験者は，最初に体制化された全体の表出特徴に気づくのであって構成部分の特徴には気づかない。Navon（1983）は，このような「全体から部分（global-to-local）」への処理，そして「大域優位性」が現れることの前提に，知覚体制化におけるゲシュタルト法則があると考えた。

　この Navon の考えを受けて，Poirel ら（2008）は，「場依存性」と「大域優位性」の間には密接な関係があると考え実験を行った。具体的には，「大域・局所同異判断課題（"same/different" global-local categorization task）」によって，局所情報異判断と大域情報異判断の反応時間差の平均を求め，EFT 課題における得点との相関を検討した。その結果，場依存性と大域優

第3章　描画および創造性研究領域における認知的研究の動向と知見　39

位性の間には密接な関係があり，何れの認知特性もゲシュタルト法則の受け
やすさの個人差を表すものであることが示唆された。以上より，「場依存-場
独立」の次元が，ゲシュタルト法則に従い知覚体制化の受けやすさの傾向を
示すものであることが明らかになった。

　ゲシュタルト研究に関しては，Köhler（1940）がゲシュタルト現象を説明
するための理論的基礎として神経生理学的メカニズムを強調し，体制化され
た経験と脳内過程との間にゲシュタルト同型性があると指摘して以来，多く
のゲシュタルト心理学者が，ある種の形態やパターンに対する反応が，知覚
の体制化というゲシュタルト法則の作用によって生得的に決定されているこ
とを示す分析を行っている（Kanizsa, 1979）。この「知覚は脳の基礎的な過程
の性質によって体制化される」という考えはMarr（1982）の著述“Vision”
にも影響を与え，さらには，現在の神経科学研究の最前線にも引き継がれて
いる。たとえば岩田（1991）は，ヒトの視覚情報処理過程を視覚的思考
（visual thinking）という言葉で捉えるとともに，視覚的イメージの想起を司
る大脳の後方連合野には，“何（What）”と“何処（where）”の2種類の視覚
的イメージを担う構造が dichotomy をなして存在することを想定する
Levine ら（1985）の知見に言及し，ヒトの大脳における視覚情報処理経路の
dichotomy についての模式図を描いている。この模式図では，左右半球のそ
れぞれに，視空間情報，すなわち見えるものの位置関係や向き，奥行きなど
に関する情報の分析を行っている「背側経路（dorsal pathway，行動のための
経路）」と，見えるものの形態を把握し，それが何であるかを分析している
「腹側経路（ventral stream，認識のための経路）」が描かれ，前者は視覚入力と
他種感覚の記憶心像との連合経路として，後者は視覚という感覚様式内での
記憶心像との照合により，見識った形態を把握し“意味”の想起へと至る系
としての意義をもつものとして捉えられている。

　野口（2007）は，近年の脳科学や神経科学，情報科学の進展は，視知覚研
究とくにゲシュタルト知覚研究に新しい展開を生み（山田・大山，1996;

Oyama, Yamada, & Iwasawa, 1998; 大山・山田・和田, 1999; Noguchi & Rentschler, 1999; Oyama, 2002, Oyama, Miyano, & Yamada, 2003; 車, 2005), 視覚と行為の関係について研究する土壌が出来てきたと指摘している。このような変化は, 描画研究における認知的・情報処理的なアプローチの可能性を広げ, 個人差の問題が討議されることを可能にする状況を生み出しているのではないだろうか。以下では, 本研究の課題および研究の枠組みと方法を提示する。

第4章
本研究の課題と方法

4.1 本研究の課題

　描画および創造性領域における先行研究の動向と知見を概観した結果，描画特性における個人差の問題は，従来のリアリズム（再現性）に向かう枠組みの中では，研究対象として取り上げられることが殆どなかった。しかし，行動主義から認知主義へのパラダイムの変化は，描画構成過程の重要性をクローズアップし，認知的行為としての描画の研究を可能とする視点を提示した。また現在では，認知科学や情報科学の学際的な研究の進展とともに，個人差の問題はようやく正面に見据えて検討される時代に入っている。

　ところで，認知の個人差の概念が描画発達の枠組みの中に組み込まれるとこれまでの平均化された描画発達に関する知見では見過ごされてしまっていた部分が見えてくる。たとえば Gardner（1982）が報告するような2つの「描画スタイル」は，加齢とともに増加する視覚的体験や概念的知識に依存する M 容量では，説明し切れない部分である。つまり，描画発達を M 容量の増加に伴う単一の過程であると仮定するモデルでは，現存する描画特性の個人差を説明することはできない。しかし，従来の描画研究では，描画の認知過程に着目する研究は数が少なく，M 容量以外の説明項に踏み込んだ研究も見当たらない。そこで，創造性研究領域まで検討の範囲を広げると，創造的問題解決（CPS）モデルが有用な研究の枠組みを提示し，悪構造の「非定常問題（non-routin problem）」の解明が試みられている。

　佐藤（1998，2001）は，CPS の枠組みと認知科学的な情報理論を背景とし

た実験心理学的方法を採用し，コラージュ制作過程に焦点を当てた視点に立って，制作過程における「外的な行動過程」と「内的な認知過程」の解明を試みた。コラージュは「描画」と同様に創造的な行為であり，その研究の方法が参照される。しかし，佐藤も指摘するように，思考スタイルや認知スタイルの差異に起因する認知・行動特性の一貫性に関する検討は残されたままである。つまり，創造過程におけるメカニズムの解明とその要因の解明は残されたままである。そこで，本研究では，2つの基本的な課題を掲げ，児童の描画に焦点を当て，その特性を特徴づける認知スタイルと描画特性の関連性を検討することを目的とする。

基本課題；
（1） 子どもの描画特性にはどのような差異が認められるか。
（2） 子どもの描画特性に差異をもたらす認知的要因は何か。

　基本課題（1）では，研究対象となる従属変数の抽出を行う。ここでは，実証的・量的な検討を可能とする「分析の基準」や「分析方法」を工夫し，描画制作過程における描画特性の個人差を抽出する。
　基本課題（2）では，抽出された描画特性を規定する要因（独立変数）を探る。ここでは，いくつかの測度を用いて認知特性の調査を行い，認知スタイルと描画特性の関連性を検討する。
　さらに，これらの分析を通して描画者の認知過程モデルを提示する。先行研究においては，いくつかの研究が描き手の認知過程についての解明を試み，認知過程の「モデル」を提示している。しかし，何れも再現的な枠組みからの一元的なモデルであり，描画特性の個人差への言及はなされていない。そこで，本研究では，描画活動に関与する「要因」を組み込んだ認知過程のモデルを提示することを，新たな課題として掲げる。
　なお，本研究での「描画特性」とは描画制作過程における外的・内的な行

第4章 本研究の課題と方法　43

動特性・認知特性および完成された描画作品の特性などの全てを含む。ま
た，描画課題における「描画」は，線画（drawing）を示すものとする。

4.2　本研究の枠組みと方法

　本研究では，従属変数を抽出するための「探索型調査（実験）」と，抽出
された従属変数の「要因（独立変数）」を抽出するための「仮説検証型調査
（実験）」を行なう。探索型調査（実験）では，独自に設定した「描画課題」
を行い，描画制作過程の即時的（on-line）な観察（調査）に基づく「描画制作
過程の分析」を行う。仮説検証型調査（実験）では，描画行動のメカニズム
の解明のために，いくつかの測度を用いて，描画行動特性と認知特性の関連
性を検討する。

（1）「描画課題」の枠組み

　はじめに，探索的実験と位置づけられる調査では，描画の自由度を限定し
統制する「描画課題」場面を設定する。「描画課題」では，従来の描画研究
では分析の最小単位は「形」であったが，分析対象の次元を下げ，「形」の
構成要素としての「点」と「線」に着目する。

　「形」の発生に関しては，ゲシュタルト心理学の「図」と「地」の分化が
参照される。「図-地分化（Rubin, 1921）」ではスクリブルの線が閉じると
「図」が出現し，「意味」が出現する。図は「物（thing）」の性質を持ち，閉
じられ，輪郭で区切られ「形（shape）」をもつ。一方，地は「材質（materi-
al）」の性質をもち，開かれ，形を持たない。リアリズムは，「図＝意味」の
存在を際立たせて「地」を空間として表現していく方法と考えられる。それ
に対して，スクリブルの線が閉じず，「線」そのものの展開を見る表現では，
従来「地」であった表現媒体の「線や色彩」が自立し，そのまま「図」に変
換されて絵画の主題となってゆく。

本研究の「描画課題」では，描画制作過程の初期状態を最小の刺激，「点」と「線」に限定することで固定し，ゴール状態（描画作品）は制作者の自由に委ねられる。描画者が「点」と「線」の物理的次元（形・大きさなど）に反応し，「点」と「線」の視覚的な可能性の探求に向かい，造形的な構成に関心を示す場合，描画は非具象的（non-figurative）な展開を示すと考えられる。反対に，「点」と「線」を具体的な事物（thing）の一部として意味づけ，対象の描写に役立つように用いると，描画は具象的（figurative）な展開を示すと考えられる。この場合，「点」と「線」が持つ本来の固有の表現力は弱められる。描画課題では，形（意味）が出現する以前の段階に遡って観察することで，「点」や「線」がどのように「形（gestalt）」となっていくかを検討できると考える。

（2）描画制作過程の分析

本研究では，「点」と「線」を刺激図形とする「描画課題」を行い，描画制作過程を「刺激（刺激図形）」-「有機体（描画者）」-「反応（描画行為）」のS-O-R モデル（図 4.1）として捉え，媒介過程としての描画者の心的過程に着目する。描画制作過程では，描画行動の on-line の変化（外的な行動過程）と内的な認知過程の解明を試みる。同時に，描画制作過程を，刺激から反応に至るまでの情報処理過程として捉え，刺激図形の「記銘」「保持」「想起」などの記憶システム（memory system）とプランニングの関係を検討する。

図 4.1 描画制作の S-O-R モデル

（3）認知プロセスの模式図

図4.2は，描画者の認知プロセスを試験的に描いたものである。本研究では，描画者の認知過程（情報処理過程）に，個人差要因としての認知スタイル（cognitive style）を組み込んで，刺激（刺激図形）から反応（描画行為）に至る一連の過程での，描画者の情報処理を検討する。認知スタイルが情報処理の流れ（information-processing）の中で，プランニングや描画行動にどのように反映され，描画（output）に至るのかを検討する。

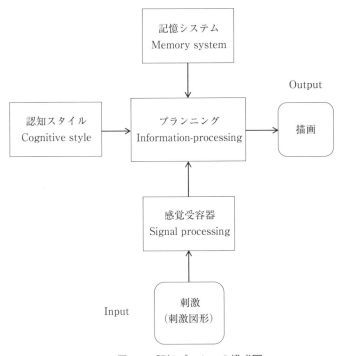

図4.2　認知プロセスの模式図

4.3 本研究の意義と役割

　本研究の目的は，児童の描画特性の個人差に着目し，その描画特性を特徴づける要因を明らかにすることである。しかし，これまでの描画研究においては「個人差」の問題を取り上げることは，二重の意味で無謀なこと，価値のないことであると考えられてきた。

　一つは，発達には普遍的な流れがあり，個人差の問題を研究対象として取り上げる意味が見出せないと考えられてきた。また，仮に個人差を認め，多様な描画特性を見出したとしても，個人差要因を説明する概念が見出せず，結局，個人差は個々人に還元され，描画発達に関する新しい見地を生み出さないと考えられてきた。もう一つは，描画研究そのものが持つ性質にある。描画は「解」の設定が不明瞭な「悪構造問題」であることから，分析の単位や基準を設定することが難しく，長い間，描画そのものを研究対象として取り上げることは，科学的な心理学研究とは相容れないものと考えられてきた。

　この問題を解決するためには，新たな視点と工夫が必要であろう。そこで，本研究は，描画および創造性領域における先行研究を参照し，実験心理学的方法と認知的・情報処理的枠組みを導入することで，この難題に取り組むこととした。実験心理学的な方法に関しては，予め「点」や「線」を記した6種類のカードを用いて，描画の自由度を限定し，統制する「描画課題」を設定する。「描画課題」による実験的な調査は，描画研究を実証的・量的に検討する方法を提示すると考える。

　さらに，この実験的な調査に基づき，描画者の外的な行動過程と内的な認知過程の解明を試みるために，本研究では，高次のヒューリスティック（heuristic）の役割を担う「認知スタイル」に着目する。認知スタイルは，個々人がどのように情報を知覚し，記憶し，問題解決するのかという認知過

程の様式であり，総合的な概念として，描画行動の個人差要因を解明する有効な枠組みとなるであろうと期待される。

　描画研究を取り巻く環境は，学際的な研究の進展とともに，人間の高度に複雑な心理過程についても研究対象の射程に入る時代を迎えている。また，美的経験についての科学的な研究が復活の兆しをみせている（Zeki & Lamb, 1994; 岩田, 1991, 1997, 2001; Solso, 1994; Ramachandran & Hirstein, 1999; Zeki, 1999; Rentschler et al, 1988; 行場, 2002, 2003; 行場・作田・鈴木, 2002）。

　本研究の試みは，認知科学的アプローチから取り組むことで実証的・量的な研究の試みが可能であること，そして，認知的行為として「描画」を捉えなおす視点を提示すると考える。また，描画特性と認知スタイルの関連性に関する検討は，教育現場での造形的支援や教材開発に役立つ「視点」を提示し，子どもの個々の特性を理解する教育の個性化あるいは学習指導の最適化（ATI）にも寄与すると考える。本研究を，美術と心理学を橋渡しする基礎研究の試みの一つとして位置づけたい。

第Ⅱ部
描画制作過程の分析

第5章
研究1；「描画課題」の妥当性に関する探索的研究

5.1　問題と目的

　造形活動の現場では，子どもたちの活動に関して，対比的な傾向に気づくことがある。とくに，描画ではその違いが顕著に現れる。たとえば，多くの子どもたちは，自分のイメージを紙の上に再現（representation）することに夢中になり，主題（What）を他者に伝えようとする。彼らの描画では，一様で均質な線が用いられ，あっさりとした彩色が施される。一方，描くことにあまり興味を示さず，むしろ素材（表現媒体）や道具などの操作（How）に関心を示す子どもたちがいる。彼らは，クレヨンを擦ったり，重ねたり，叩いたりする。たくさんの線のニュアンスを楽しみ，線を並べ，点を打つという「行為」そのものに夢中になる。彼らは表現媒体のあらゆる可能性を引き出そうとしているように見える。しかもこの傾向は年齢を重ねても一貫しているように見える。

　一般に「主題」（内容）に関心を抱く場合，子どもたちの描画は具象的な「描写」に向かう。彼らの描画では，造形要素の線や色彩は写実的な描写の手段として「主題」に従属する形で用いられる。一方，「表現媒体」（素材）の操作に関心を示す場合，子どもたちの描画は抽象的な「構成」に向かう。彼らの描画では，造形要素の線や色彩は主題に従属せず独自の表現機能を持つものとして自律し，点や線，形と形の関係を模索しながら抽象的な形式において展開される。描画活動において，この2つの差異は大きい。

　描画研究を概観すると，描画行動における個人差（対比的な傾向）の問題

はこれまであまり取り上げられることがなかった。その背景には2つの要因がある。一つは，描画は再現性（リアリズム）に向かうという発達の普遍的な流れがあり，個人差の問題はむしろこの流れにとって邪魔なものと考えられてきた。もう一つは，描画そのものがもつ性質である。描画は，初期状態・ゴール状態・利用可能なオペレータの何れもが不明瞭な「悪構造問題(ill defined problem)」であることから，分析の単位や基準を設定することが難しく，科学的・実証的な研究対象とはなりにくいと考えられてきた。

　研究1では，この問題に関して新たな視点から取り組むこととした。描画制作過程は，佐藤（2001）がコラージュ制作過程の分析で示したように，初期状態（素材）から最終的な目標状態（作品）に至る一連の情報操作として捉えることができる。そこで本研究では，実験的な「描画課題」場面を設定し，創造的な問題解決過程としての描画制作過程を観察することとした。描画課題では，造形要素（＝表現媒体 media preferences）としての「点」と「線」に着目し，描画制作過程の初期状態（intial state）を「点」と「線」に限定することで固定し，ゴール状態（goal state）は描画者の自由に委ねた。つまり，描画制作の初期状態が固定されることから，描画制作における自由度が減じられ，最終的な作品の違いに反映されるプランニングの差異が捉えやすくなると考えた。さらに「点」や「線」は「形（shape）」の基本的な構成要素であることから，「形」の発生メカニズムとそこに働く内的なメカニズムを検討することができるであろうと考えた。

　研究1の目的は，描画制作過程の観察を可能とする「描画課題」を設定し，さらに，以下の2つの検討課題を通して「描画課題」の妥当性を検証することである。

検討課題

　検討1：「描画課題」の刺激図形，「点」と「線」は完成された描画の構成
　　　　　に役立ち「形」の構成要素として機能する。

検討2：刺激図形の「点」と「線」の扱いにおいて，具象的な表現と非具
　　　　象的な表現が認められる。

　日常の造形活動の場では，「何を描くか＝主題（What）」が第一義的になる
子どもと，主題に興味を示さず，表現媒体の操作（How）に興味を示す対比
的な子どもが認められる。類似した傾向はShotwell, Wolf & Gardner（1980）
のシンボルシステムの獲得におけるスタイルや，Gardner（1979，1980，
1982）の報告する2つの描画スタイルにも認められ，表現媒体の使用に関し
て対比的な傾向を示すことが報告されている。描画課題場面での「点」と
「線」は刺激図形であると同時に，「形」の構成要素，すなわち造形要素（＝
表現媒体）である。そこで本研究では，「描画課題」場面においても，「点」
と「線」の扱い方が異なる対比的な傾向が見出せるのではないかと予測し
た。

5.2　方　法

（1）参加者
　研究1の参加者は，大学生および大学院生115名，一般成人（小学校教員）
24名，計139名（女118名，男21名）である。

（2）調査期間および調査場所
　1999年4月〜5月，宮城教育大学及び仙台市教育センターに於いて実施し
た。

（3）刺激図形
　「描画課題」の刺激図形は，一点，二点，三点，横線，縦線，十字線の6
種類で，「形」を構成する最も基本的な要素である「点」と「線」で構成し

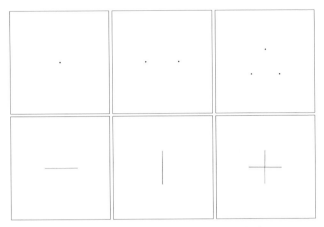

図 5.1　描画課題カード（刺激図形 6 種類）

た（図 5.1）。点の径は 1.2 ミリ，線の太さは 0.7 ミリとした。

　なお，一点は中心を，二点はシンメトリーを，三点は三つの点による構造的な関係性を示すものとして選択し，横線は水平の方向性を，縦線は垂直の方向性を，十字線は四方向性を示すものとして選択した。それぞれ 12×12 cm の白ケント紙に印刷して 6 枚一組の描画課題カードとした。描画課題カードを 6 枚一組としたのは，刺激図形の種類を増やすことで反応の多様性と共通性を探るためである。

（4）「描画課題」の手続き

　集団場面において，描画課題カード 6 枚を A 3 判台紙に貼り付け，一点，横線，二点，縦線，三点，十字線の順に，Ⅰ，Ⅱ，Ⅲ，Ⅳ，Ⅴ，Ⅵと番号を付記し，「6 枚の刺激図形が記されたカードを貼り付けています。刺激図形Ⅰから Ⅵ まで順番に描いて下さい。点や線をもとに，<u>自由にどんなふうに描いても構いません。</u>」と教示した。教示は，できるだけ制約の無い条件下で描くために，「"絵" を描く」という言葉を用いないように留意した。"絵" は，「主題（What）⇒ 物の形」という連想を導き易い言葉であると考え，配

慮した。描画用具は，太さ 1.0 mm の黒ボールペンを使用し描画時間は 30
分以内とした。

（5）分 析

描かれたカード 6 枚の描画について，調査者（筆者）が判定した。判定の
基準は，描画者が「点」と「線」の意味的次元に着目しているか（具体的な
「形」の一部として意味づけているか），あるいは物理的次元に関心を示し，対
象間の大きさや形に基づいた関係を探索し，バランスや対称性といった刺激
図形の物理的特性や機械的な発展性に興味を示しているかとした。

5.3　結　果

139 名の描画作品 834 枚を分析したところ，特徴的な 2 つの表現が認めら
れた。一つは，表現媒体である「点」や「線」が「主題（具体的な形＝意味）」
に従属している，つまり，刺激図形の「点」と「線」が具体的な形の一部と
して取り込まれ，完成された絵が具体物を表現している「具象的
(figurative)」な表現である。例えば，刺激図形「一点」を動物の鼻の頭や花
の中心に，「二点」を動物や人の目玉に，「横線」をヒトや動物の口，あるい
は水平線や地平線に見立てた描画作品である。その例を（図 5.2）に示す。

もう一つは，「点」と「線」が具体的な形を担わず，抽象的な形式におい
て展開される「非具象的 (non-figurative)」な表現である。その例を（図 5.3）
に示す。ここでは，表現媒体である「点」や「線」が「主題（具体的な形＝
意味）」に従属せず，自律して機能している。

なお，描画カード 6 枚全てが具象的な表現であった被験者の割合は
88/139（63.30%），描画カード 6 枚全てが非具象的な表現であった被験者の
割合は 10/139（7.19%）であった。2 つの表現が混在している被験者の割合
は 41/139（29.49%）であった。

56　第Ⅱ部　描画制作過程の分析

図 5.2　具象的な（figurative）表現の描画（成人）

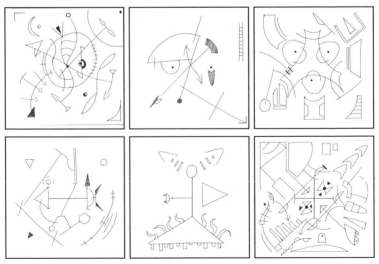

図 5.3　非具象的な（non-figurative）表現の描画（成人）

5.4 考　察

　研究1の結果から，描画課題場面では刺激図形の「点」と「線」を用い
て，描画が成立することが示された。また描画中に「できない」「描けない」
と発言する描画者は認められず，6種の刺激図形は描画の構成要素として問
題がないと判断された。

　一方，描画作品の表現特性に関しては2つの対比的な傾向が認められた。
一つは，刺激図形の「点」と「線」が具体的な形の一部として取り込まれ，
完成された絵が具体物を表す「具象的（figurative）」な表現，もう一つは，
「点」と「線」が具体的な形を担わず抽象的な形式において展開される「非
具象的（non-figurative）」な表現である。本研究では，造形活動の個人差は造
形要素（表現媒体）の扱い方の差となって現れると予測したが，予測どおり，
表現媒体である「点」や「線」が主題（具体的な形＝意味）に従属する表現
（具象的表現）と，主題に従属せず自律して機能する表現（非具象的表現）の2
つの表現タイプが認められた。また，いずれの表現においても，「点」や
「線」は完成された描画の構成に役立ち，構成要素として機能していること
が分かった。

　以上より，研究1では検討1，2が検証され，描画課題の妥当性が示され
た。このことは，実験的な「描画課題」場面において，個人差の問題（対比
的な傾向）を検討することが可能であることを示唆していると考えられる。
今後は，子どもたちを対象に「描画課題」を行い，描画制作過程の分析を行
うことで，この問題を焦点化していきたい。

　ところで，「描画課題」場面で観察される2つの表現タイプは，日常的な
場面で観察される対比的な傾向，とくに「何を描くか＝主題（What）」が第
一義的になる（意味的次元に関心を示す）子どもと，主題（What）に興味を示
さず，対象の物理的次元や「表現媒体の操作（How）」に興味を示す子ども

の描画行動と何らかの関連があるのではないかと考えられる。また，Gardner やその共同研究者らが報告する 2 つのスタイル（ドラマティストとパターナー）とも何らかの関連があると考えられる。この点に関しては，今後の検討課題と考える。

　さらに，分析の方法に関して，解決すべき問題が残った。その一つは，刺激図形の「点」と「線」の扱い方に個人差が認められ，具象（figurative）と非具象（non-figurative）のどちらかに強く特徴づけられたものの，同一の描画者で具象・非具象の表現が混在する場合も認められ，描画者の個人差（対比的な傾向）を明らかにすることはできなかった。また，今回の判定は調査者（筆者）が行なったもので客観性を保障する上で問題があると考えられた。以上の点から，今後は外部に評定を依頼するとともに，新しい判定方法を工夫し，子どもたちを対象とした調査を行う必要があると考える。なお，「描画課題」では，描画制作過程を「刺激（刺激図形）」-「有機体（描画者)」-「反応（描画行為）」の S-O-R モデルとして捉え，描画者の心的過程に着目したが，研究 1 は集団的場面での調査であったことから，個々の描画者の内的反応を捉えることができなかった。今後は，個別場面での調査を行い，描画者の心的過程の解明を試みたい。

第6章
研究2；「具象性評定尺度」を用いた描画作品の分析と
主に描画時間に基づく描画行動の分析

6.1　問題と目的

　研究2の目的は，研究1で妥当性が確かめられた刺激図形を用いて，6歳から11歳の子どもたちを対象として，個別場面で描画課題を行い，描画の制作過程を観察し，具象性と非具象性の観点からの描画作品の分析と，主に描画時間からの描画行動の分析によって，

　①刺激図形，点（一点，二点，三点）と線（横線，縦線，十字線）の扱い方に個人差が認められるか，

　②その個人差は，具象と非具象の2つの表現のタイプと関連があるか，

　③2つの表現タイプに特徴的な描画行動が認められるか，

の3つの基礎的な課題について，以下の予測を検証することである。なお，具象性度の高い具象的（figurative）な描画を行なう描画者を，以下では「具象タイプ」と表記する。同様に，具象性度が低く非具象的（non-figurative）な描画を行なう描画者を，以下では「非具象タイプ」と表記する。

描画作品の分析に関する予測

　描画作品の分析は，研究1と同様，刺激図形の「点」と「線」が具体的形態の属性として機能しているか，あるいは具体的形態を担わず，自律的な表現機能を持つものとして抽象的な形式において展開されているかという，表現媒体としての造形要素の働きに着目する。その際，研究1の検討をふまえ，描画作品の判定方法を工夫して「具象性評定尺度（representational characteristics rating scale)」(図6.1) を作成し，6段階評定を行なう。なお「具象性」の指標となる基本的な考えは，T. Lipps (1851-1914) の抽象芸術と具象芸術の対概念を参考に「現実の世界に存在する（あるいは存在するものとして想像される）一定の事物を，それに相応する具体的形態において再現・模写すること」(後藤, 1974) とした。これによって描画作品の具象性度の量的な判定が可能となり，描画者の具象性度は「具象性評定尺度得点」によって表されると考えた。以上より，描画作品の分析に関して，以下の3つの予測を検証する。

予測1：描画者の具象性度は「具象性評定尺度得点」によって表され，得点の高い「具象的 (figurative) な表現」と，得点の低い「非具象的な (non-figurative) 表現」が認められる。

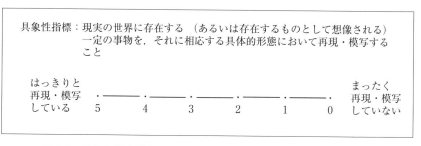

図6.1　具象性評定尺度 (representational characteristics rating scale)

描画行動の分析に関する予測

描画行動の分析は，2つの測定項目（初発時間・描画時間）と2つの記録項目（命名数・補足数）によって行なうこととした。

初めに，初発時間は，カードを手渡してから描画開始までの時間で，刺激図形の「知覚」-「判断（思考）」-「描画行為の開始」という一連の思考過程（プランニング過程）に要する時間であり，プランニング特性を探る上で，

最も着目した測定項目である。ここでは，刺激図形の知覚とともに，刺激図形を描画の構成要素としてどのように扱うかに関する「判断（思考）」が行なわれると考えられる。そこでもし，2つの表現タイプがこの一連の過程で異なる判断を下せば，その違いは初発時間の差となって現れてくるであろうと考えた。つまり，プランニング特性の差異は初発時間の差異に反映されるであろう。

　研究1の結果から，2つの表現タイプの差異を検討すると，具象的な表現タイプの描画では，刺激図形（点や線）を具体的な形態の一部として取り込んでいる。つまり，具象的な表現を示す描画者ではこの一連の思考過程で，点や線を具体的形態の属性とみなす「判断（思考）」を行なっていると考えられる。それに対して非具象的な表現タイプの描画者では，刺激図形の点や線は具体的な形態を担わず，抽象的な展開を示すものであった。つまり，非具象的な表現を示す描画者では，この一連の過程において，点や線を具体的形態の属性と見なす判断を行なわず，刺激図形を「知覚」すると殆ど同時に描画を開始していると考えられる。

　一般に，「思考」は「知覚」より時間がかかるであろう。そこで，研究2では，描画者の記憶や既存の知識と照らし合わせて行なわれる「点」や「線」に対する判断（思考）は，知覚より時間を要するものと考え，初発時間（プランニング時間）に関して，以下の予測を検証することとした。

　　予測2：具象性度の高い描画者の初発時間（プランニング時間）は長く，具
　　　　　　象性度の低い描画者の初発時間（プランニング時間）は短い。

　次に描画時間は，描画開始から描画終了までの時間を表し，実際の描画に要する時間である。描画時間には，描画スピードと描画作品の描き込み量の両面が関係すると考えられる。描画スピードに関しては，新妻ら（1996, 2002）の経験的な観察によれば，具象タイプの子どもたちは「何を描くか」

62 第Ⅱ部 描画制作過程の分析

ということが決まれば，点や線のニュアンスにはあまり敏感ではないので一気に描く場合が多い。それに対して，非具象タイプの子どもたちは視覚的な形に敏感で，形と形の関係を探りながら，探索的にゆっくりと進める場合が多い。今回の描画課題の場面では，描画時間の測定と併せて実際の描画の様子，描画スピードやリズム，描画の中断や終了の様子などを観察することが可能である。そこで，描画スピードと描画の描きこみ量の両面から描画時間を検討し，描画時間に関して，以下のような予測を検証することとした。

　予測３：具象性度の高い描画者の描画時間は短く，具象性度の低い描画者
　　　　　の描画時間は長い。

　最後に，命名数と補足数は，それぞれ完成された描画作品に自発的に名前をつける行為数と，描画作品に文字を書き入れて表現を補足的に説明する行為数を表す。この２つの記録項目は，ともに命名や文字の記入という言語表現を伴うもので，描画制作過程における言語的言及の度合いを示す指標と考えられる。また描画に名前を付けそれを観察者に報告するという行為は，主題を他者に伝えようとする行為と考えられることから，他者伝達性を示す指標と考えられる。同様に，描画に文字を書き入れて表現を補足・説明する行為も，他者に対してより正確に内容を伝達していきたいという志向の現れと考えることができるだろう。

　筆者らの経験的な観察によれば，具体的で写実的な表現を行う具象タイプの描画者では，主題（何を描くか）に興味の中心があり，その内容を他者に伝達することに強い関心を示す。そこで，描画課題場面でも言語的言及と他者伝達性が高くなると考え，以下の予測を検証することとした。

　予測４：具象性度が高くなると命名数と補足数が増加する。

第6章 研究2：「具象性評定尺度」を用いた描画作品の分析と主に描画時間に基づく描画行動の分析　63

　なお，言語的言及に関しては，Gardner（1982）がパターナーとドラマ
ティストの描画活動に触れ，ドラマティストは絵に命名すること，夥しい量
の言葉を生み出して他者との相互交流を行うことを重視していること，一
方，パターナーは命名することに興味を示さず，ほんの少ししか言葉を使わ
ないことを報告している。命名数と補足数はこれら Gardner が報告する子
どもたちとの共通性を探る上でも重要であると思われる。

6.2　方　法

（1）参加者
　研究2の参加者は，筆者らの主宰する造形教室に在籍している6歳から
11歳の子どもたち220名で，年齢ごとの内訳は，6歳32名，7歳39名，8
歳41名，9歳37名，10歳36名，11歳35名で，女132名，男88名であ
る。

（2）調査期間および調査場所
　1999年6月〜2001年6月，筆者らの主催する造形教室に於いて実施した。

（3）「描画課題」の手続き
　個別場面で，研究1で作成した描画課題カード6枚一組を用いて実施し
た。はじめに裏返した描画課題カード6枚を被験者に示して枚数を確認させ
た。次に「ここに6枚のカードがあります。このカードは表に返すと一つず
つ印があります。今から一枚ずつ渡しますから，その印をよく見て好きなよ
うに描いて下さい。どんなふうに描いても構いません。自分が思ったように
描いて下さい。ただし時間を測りますから描き終わったら "終わりました"
と言ってカードを返して下さい。」と教示し，カードⅠから手渡した。ここ
では，「何か（What）を描く」や「"絵"を描く」という言葉を避けて，自由

64　第Ⅱ部　描画制作過程の分析

制作を指示する教示を行った。とくに"絵"は,「主題（What）⇒物の形」という連想を導き易い言葉であると考え,教示に際して使用しない様に配慮した。6枚のカードの提示順は,一点,横線,二点,縦線,三点,十字線の順であった。描画用具は太さ1.0 mmの黒ボールペンを使用した。

（4）分　析

描画作品の分析は,客観性を保障するために,美術教員4名（経験年数20年以上）,芸術療法家1名の計5名に評定を依頼し,被験者220名の描画1,320枚を,「具象性評定尺度」を用いて,描かれている対象が明確に具体的形態を再現・模写している場合（具象的な表現）を5,全く再現・模写していない場合（非具象的な表現）を0と評定する,6段階評定を行った。ただし,6歳から11歳という年齢差を考慮し,上手い下手という見方を排除して評定するよう依頼した。一方,描画行動の分析は2つの測定項目（初発時間・描画時間）と2つの記録項目（命名数・補足数）の測定値および記録数を求め,この4つの変数と描画作品の評定結果（平均評定値）とのPearson相関係数を求めた。

6.3　結　果

（1）具象性評定尺度得点

評定者ごとに,一人ひとりの被験者のカードⅠ～Ⅵの描画作品に対する評定を6段階で行ない,6枚のカードの評定値の合計（合計評定値）を求め,さらに5名の評定者の合計評定値の平均値（平均評定値）を求めた。

その結果,被験者の具象性度は,5名の評定者の合計評定値の平均値（平均評定値）によって表された。なお,5名の評定者の一致の程度を確認するためにα係数を求めたところ.97であった。

（2）平均評定値と4つの変数の相関係数

　この平均評定値と，カードⅡ～Ⅵにおける描画行動の初発時間（教示終了後から描画開始時点までの時間；秒）の平均値（平均初発時間），カードⅠ～Ⅵにおける描画時間（描画開始時から描画終了時点までの時間；秒）の平均値（平均描画時間），カードⅠ～Ⅵにおける命名数（描画終了後に自発的に名前をつける）の合計値（命名合計数），カードⅠ～Ⅵにおける補足数（文字を描画作品の中に書き入れて表現を補足する）の合計値（補足合計数）の4つの変数間とのPearson相関係数を求めた。なお，初発時間に関しては，最初の刺激図形であるカードⅠを提示後，描画課題の方法に関する質問が集中し，カードⅠには被験者が課題状況を理解するための時間が多く含まれると考えられたので除外し，カードⅡ～Ⅵの平均値を出すこととした。

　平均評定値と4つの変数間の相関係数は表6.1の通りであった。平均評定値と平均初発時間，命名合計数，補足合計数の間にはそれぞれ有意な正の相関が認められた。平均評定値と平均描画時間の間には有意な負の相関が認められた。ただしそれらの値は .24～.30 程度の弱いものであったので，相関の特徴を検討するために，平均評定値と平均初発時間，及び平均評定値と平均描画時間を両軸とした相関分布図（図6.2，図6.3）を作成した。

　その結果，両図とも平均評定値の10付近を境として，5以下と20以上の2つの区域に分布が集中する傾向が認められた。さらに，年齢によって具象性度に違いがあるかを探るために，描画作品に対する平均評定値の年齢別分布について分析した。平均評定値の年齢別分布は図6.4の通りであり，年齢が高いほど平均評定値が高い群と平均評定値が低い群に分離する傾向が認められた。

表6.1　平均評定値と4つの変数間の相関係数

	平均初発時間	平均描画時間	命名合計数	補足合計数
平均評定値	.264***	− .301***	.249***	.259***

*** $p < .001$

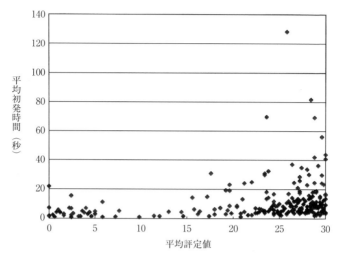

図6.2 平均評定値と平均初発時間の相関分布図

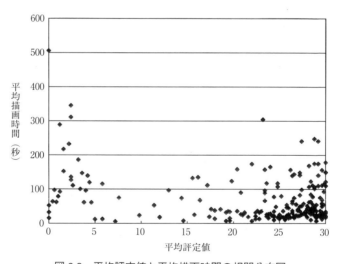

図6.3 平均評定値と平均描画時間の相関分布図

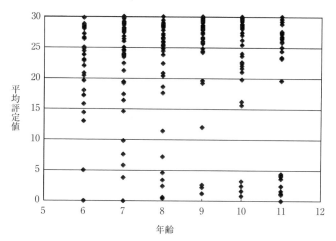

図 6.4　平均評定値の年齢別分布

6.4　考　察

（1）描画作品の評定に関して

　刺激図形，点（一点，二点，三点）と線（横線，縦線，十字線）の扱い方に関する個人差の検討の結果，研究1と同様，点や線が具体的な形態の一部として殆ど原形のままで利用されている描画（図6.5）と，点と線が具体的な形態を担わず，抽象的な形式において展開されている描画（図6.6）が認められた。さらに具象性の評定尺度を用いた評定の結果，前者は評定値が高く具象的（figurative）な表現と考えられ，後者は評定値が低く（0または1）非具象的（non-figurative）な表現と考えられた。以上より，描画者の具象性度は「具象性評定尺度得点」によって表され，得点の高い具象的な表現と得点の低い非具象的な表現が認められるとする，予測1は検証された。なお，「具象性評定尺度（図6.1）」は，描画作品の具象性度の量的な判定を可能とし，表現タイプの判定に役立つと考えられた。

68 第Ⅱ部　描画制作過程の分析

図6.5　具象的な表現タイプの描画　（女8歳）平均評定値：30.0

図6.6　非具象的な表現タイプの描画　（男11歳）平均評定値：0.0

第6章 研究2：「具象性評定尺度」を用いた描画作品の分析と主に描画時間に基づく描画行動の分析　69

研究2では，造形要素としての「点」と「線」を描画者がどのように扱うかによって表現のタイプを見極めようとした。具象性度の高い描画（具象的な表現）では，点と線が具体的な形態の属性として機能し，具体的な主題（描画内容）に従属する形で用いられている。それに対して具象性度の低い描画（非具象的な表現）では，点と線は外的対象を担わず，形態の属性を超えた自律的な表現機能を持つものとして扱われ，点や線を組み立てて抽象的な展開を示すものとなっている。このことから，具象性度の高い描画者（具象タイプ）は，専ら「主題（何を描くか＝What）」に関心を示し，描画は他者に向けての伝達（表現）が意図されていることが，一方，具象性度の低い描画者（非具象タイプ）は，具体的形態の再現によることなく「点」と「線」のバリエーションを展開しつつ，「どのように構成していくか（どう描くか＝How）」に関心を示していることが推測される。これは新妻らの経験的な観察の結果と一致した。

さらに図6.2の「平均評定値と平均初発時間の相関分布図」と図6.3の「平均評定値と平均描画時間の相関分布図」を見ると，何れの相関分布図においても，平均評定値10付近を境として5以下と20以上の2つの区域に分布が集中する傾向が認められ，描画者の具象性度がリニアに連続したものではなく，具象タイプ群と非具象タイプ群の2つの群が独立して存在する可能性が推測される。また，図6.4の「平均評定値の年齢別分布」では，年齢が高いほど平均評定値の高い群と低い群に分離する傾向が認められ，2つの表現タイプ群の発現と年齢の間には何らかの関連があるのではないかと考えられる。

描画作品の評定には，描画判定の難易が影響すると考えられるが，いくつかの例から年齢の影響が推測される。たとえば，図6.4では年齢が高くなると評定値は20以上に集まる傾向を見せている。これは子どもの年齢が上がると描画の習熟度が増し，はっきりとした形を表現できるようになるために，評定者がより具体的な形態と認識し評定値が高くなるためではないかと

70　第Ⅱ部　描画制作過程の分析

考えられる。反対に，子どもの年齢が低く描くことに未熟なために具体的な形態を描いているにもかかわらず，評定者が具象性度を低く評定するケースも考えられる。また，8歳と7歳の子どもたちの平均評定値にはばらつきが認められるが，これは評定の難しさを反映しているのではないだろうか。実際，年齢の低い子どもたちの描画では対象が不明瞭で評定が難しいケースや，また評定者が年少の子どもの描画を見慣れていないために，マンガのキャラクターを非具象形として具象性度を低く評定するケースも認められた。

　しかし，今回の調査ではこのような評定上の事情を考慮しても，なお評定値の低い群と高い群に分離する傾向が認められることから，2つの表現タイプ群は独立して存在する可能性が推測される。

（2）初発時間（プランニング時間）の分析について

　平均評定値（具象性度）と平均初発時間の間には有意な正の相関が認められ，評定値が高くなるほど初発時間が長くなり，評定値が低くなるほど初発時間は短くなっている。このことから具象性度の高い描画者（具象タイプ）では，描画開始までの判断（思考）に時間をかけていることが，具象性度の低い描画者（非具象タイプ）では，描画開始までの判断（思考）時間が短く，視覚的判断が短時間の内に行なわれていることが推測され，予測2は検証された。観察の結果，非具象タイプでは初発時間がミリ秒単位の描画者が認められ，対して具象タイプでは分単位の描画者が認められた。しかし，平均評定値（具象性度）と平均初発時間の相関係数は .24〜.30 程度の弱いものであった。

　その要因を探ると，予想に反して，平均評定値が 20 以上の具象性度の高い描画者の半数以上が，平均初発時間が 5 秒以下と短いことが分かった。プランニングに要する時間は描画内容とも関連すると考えられるが，彼らの描画は紋切型で画一的な内容が多く，プランニングに要する時間は短い。今回

の調査では，このようなケースが具象タイプの平均初発時間を低く抑え，結果として，予測より相関の値を低く抑えたのではないかと考えられる。

なお，図6.2の平均評定値と平均初発時間の相関分布図を見ると，平均評定値20以上では，平均評定値5以下に比べると，ばらつきが大きい。このことから，具象タイプでは，判断（思考）に要する時間の個人差が，非具象タイプより，大きいことが分かる。また，具象タイプの判断（思考）は，自身の視覚的体験や既存の知識など，記憶の中に蓄積されている情報と照らし合わせて行われると推測されることから，それぞれの描画者に蓄積されている情報の質や量の違いなどの個別の条件が関与し，個人差をもたらしているのではないかと考えられる。一方，非具象タイプでは，刺激図形の「知覚」にもとづいてダイレクトに描画が開始されると考えられることから，初発時間（プランニング時間）における個人差は小さくなっていると推測される。

（3）描画時間の分析について

平均評定値と描画時間との間には有意な負の相関が認められ，評定値が高くなるほど描画時間が短くなり，評定値が低くなるほど描画時間は長くなることが分かった。この結果は，具象性度の高い描画者（具象タイプ）の描画時間は短く，具象性度の低い描画者（非具象タイプ）の描画時間は長いという予測とほぼ一致し，予測3は検証された。しかし相関係数は.24〜.30程度の弱いものであった。

そこで，描画の描きこみ量と描画スピードの両面から観察した結果を検討すると，具象タイプでは，描画開始までのプランニングに時間をかけているが，主題（何を描くか）が決まれば一気に描く場合が多く，描画スピードは速い。また多くの場合，典型例を一個，描くことで終了され，描画の描きこみ量は少ない。平均評定値20以上の描画者139名中94名（67.62%）が1分以内に描画を終了し，描画時間は短い。しかし，予測に反して，描画時間が2分以上の長い描画者も認められ，22名（15.82%）が該当していた。

72　第Ⅱ部　描画制作過程の分析

　この 22 名の描画者の描画内容を検討すると，4 つのケースが認められた。まず第 1 のケースは，一個の形態を描き終えた後に次々と形を描き加えていくケースで，最初の形の単純な繰り返しやバリエーションの展開，あるいはストーリーの展開が見られた。いずれの場合もカードに描き切れなくなったところで描画を終了し，書き込み量の増大が描画時間を長くしている。第 2 のケースは，描画に文字を描き加え表現を補足しようとするケースで，文字を描き加えた分，描画時間が長くなっている。第 3 のケースは，写実的な表現の場合で，立体表現や空間表現が試みられ，詳細に描写しようとするこだわりが描画時間を長くしている。第 4 のケースは，描画の途中で長い中断があり，描画の描きこみ量ではなく描画行動に描画時間を長くする原因が認められた。以上，4 つの描画時間の長いケースが，相関の値を低く抑える要因の一つであると考えられる。

　さらに，2 つの表現タイプにおける描画終了時の様子にも差異が認められた。具象タイプでは，描画が開始されると，刺激図形の扱いから何を描くのかが容易に推測できる。そして，典型的な一個の形態を描くことで終了されることが多いので，上述の例外的な 4 ケースを除いて，殆ど描画の最終形と描画の終了時を予測することができる。また具象タイプでは，描画中に主題を変更することは殆ど見られず，逆に「失敗した」「間違った」と報告する描画者が認められることから，早期の段階で描かれたイメージが描画中も保持され続けていること，そして描画に正確性や一意性を求めていることが推測される。

　それに対して，非具象タイプでは，点や線の意味づけが成されず，刺激図形を知覚すると刺激図形の物理的態様に即座に反応する形で描画が開始されるので，描画開始時の刺激図形の扱いから，何を描くのかを推測することは殆ど出来ない。非具象タイプでは，観察者が描画者の次の行為を予測することは難しく，描画の終了は突然報告される。しかし，観察者にとっては突然の終了であるが，描画者においては個別のリズムに則り，スムーズに自然な

形で終了が行なわれているように観察される。また，非具象タイプの描画者
では，描画開始から終了まで，手の動きが止まることなく自然なリズムで描
画が進められ，具象タイプの描画者が，描画中に考え込んだり中断したりす
る場面が認められるのとは対照的であった。

　図6.3の相関分布図を見ると，初発時間と同様，平均評定値10付近を境
として，5以下と20以上の2つの区域に分布が集中する傾向が認められる。
また初発時間の場合とは逆に，平均評定値5以下の群では平均評定値20以
上の群よりも，平均描画時間のばらつきが大きい傾向が認められる。このこ
とは非具象タイプの描画時間には個人差があり，個別の描画スタイルやリズ
ムがあることを推測させる。これは，具象タイプの表現が画一的であり，描
画時間が1分以内に集中する傾向が認められるのとは対照的である。

（4）命名数と補足数の分析について

　描画過程における言語的言及の度合いに関しては，平均評定値と命名合計
数，補足合計数の間に有意な正の相関が認められ，具象性度が高くなると命
名数と補足数が増加するという，予測4は検証された。このことから，評定
値の高い描画者ほど描画作品に対して言語的な意味づけを行なう傾向がある
と考えられ，具象タイプでは刺激図形の扱い方に関して言語的な概念で置き
換えられるような知的な処理（新妻，2010）が成されていることが推測され
た。

　また，具象タイプにおいて描画作品に文字を書き入れて表現を補足する行
為や描画作品に自発的に命名する行為が認められることは，他者（描画課題
場面では観察者）に対して，描画内容をより明確に伝達したいという志向（他
者伝達性）の現れと捉えることが出来るであろう。具象タイプの描画では，
共通性，普遍性，客観性が重視され，現実との対応関係が明らかである。こ
れは，描画活動において常に他者を想定し，他者に向けてのコミュニケー
ションを図ることが意図されているためと考えられる。

74　第Ⅱ部　描画制作過程の分析

　それに対して，非具象タイプの描画は不定形で曖昧で現実との対応関係が明らかでない。彼らの描画活動は内的必然性に導かれているのであろうが，主観的で追体験することが難しい。非具象タイプでは他者との疎通を大切にするより，自分自身と疎通する個人内プロセス（intrapersonal process）を大切にしているのではないかと考えられる。描画課題場面では，非具象タイプの描画者は目の前の描画行為に没頭し，殆ど顔をあげない。一方，具象タイプの描画者は，描画中に手を止めて観察者の顔をチラチラ見たり，笑いかけたり，話しかけたりするのが観察された。描画とはコミュニケーションの一つであり，対人関係的なプロセス（interpersonal process）であるとみなす考え方からすると，非具象タイプの子どもたちの描画行動はある種の問題を提起している。他者伝達性の問題は，子どもたちの対人世界の在り様とも関連があり，教育の個性化あるいは学習の最適化をはかる適正処遇交互作用（ATI）の視点からも大切であると考える。

第7章
研究3；具象群と非具象群の描画特性と発達的変化

7.1　問題と目的

　研究1と研究2の検討の結果，新しい枠組みと方法を用いることで，描画
制作過程を，実証的・量的に検討することが可能であることが示唆された。
また，描画制作過程における描画行動を，主に描画時間分析（初発時間・描
画時間）を行うことによって，これまでは掬い取ることのできなかった描画
行動の「個人差」に着目することができた。しかし，問題点も残った。

　第一の問題は，分析の方法が曖昧であった点である。

　研究1と研究2では，描画作品の評定の結果，具象性度がリニアに連続し
たものではなく，具象タイプの描画者と非具象タイプの描画者が，独立して
存在している可能性が示唆された。しかし，これまでの研究では，表現タイ
プの「群分け」を行なわず，具象性評定尺度得点の平均値（作品の具象性度）
と初発時間（プランニング時間）および描画時間との相関のみの検討のため，
表現タイプの群ごとの描画特性を明らかにすることができなかった。また，
具象性度と平均初発時間との間には，有意な正の相関が，平均描画時間との
間には，有意な負の相関が認められたが，Pearson相関係数の値は
.24〜.30程度の弱いものであり，それぞれの表現タイプの特徴的な行動を
捉えることができなかった。そこで，2つの表現タイプの「群分け」を行
い，検討することが必要であると考えた。

　第二の問題点は，発達的な検討が殆ど行われなかった点である。

　研究2において，描画作品に対する具象性度（具象性評定尺度得点の平均値）

76　第Ⅱ部　描画制作過程の分析

の年齢別分布を求めた結果，年齢が高いほど評定値の高い群と低い群に分離する傾向が認められ，2つの表現タイプの発現と年齢との間には何らかの関連があるのではないかと推測された。しかし，表現タイプの「群分け」がなされていないために，表現タイプの出現に関する年齢的な変化は明らかにされなかった。また同様に，年齢による「群分け」が成されていないために，2つの表現タイプの描画行動に関する年齢的な変化を捉えることができなかった。そこで「群分け」に基づく発達的な検討を行なうことが必要であると考えた。

　以上を踏まえ，研究3では，以下の3つの予測を検証することとした。

　予測1：表現タイプ群の出現に関して；「具象タイプ群（以下，具象群と表記する）」と「非具象タイプ群（以下，非具象群と表記する）」の出現率は年齢による偏りが見られず安定している。

　先行研究では，具象性度は年齢が増すにつれて，具象タイプの描画者では高くなり，非具象タイプの描画者では低くなり，分離する傾向が認められた。しかし，具象タイプ，非具象タイプを示す描画者は，6歳から11歳の何れの年齢でも一定程度認められることから，表現タイプ群の出現率に関しては，年齢による偏りが見られず，安定していると予測される。

　予測2：初発時間（プランニング時間）に関して；初発時間は具象群のほうが非具象群より長い。

　研究2の検討の結果，具象性度の高い描画者ほど初発時間（プランニング時間）は長くなっている。そこで具象群では，自己の視覚的体験や知識など記憶情報に基づいて，刺激図形の「点」や「線」を具体的な形態の一部としてみなす判断（思考）を行なっていると考えられた。つまり，具象群では，

描画開始前に，刺激図形の「点」や「線」を具体的形態の属性と見なす判断（思考）を行い，具体的なイメージを想定することから，刺激図形の「点」や「線」の意味づけ（解釈）を行わず，刺激図形の知覚可能な属性に反応する非具象群より，プランニングに時間がかかり，初発時間は長いと予測される。

　　予測3：描画時間に関して；描画時間は非具象群のほうが具象群より長
　　　　　　い。さらに，両群ともに年齢が上がるとともに描画時間が増加す
　　　　　　る。

　具象群では，描画開始前に描画の最終形をイメージし，何を描くかが決まれば一気に描いていくために，描画時間は短いと予測される。それに対して非具象群では，描画開始前に何を描くかが想定されず，視覚的な関係を探りつつゆっくりと描画を進めるため，描画時間は長いと予測される。また年齢が上がるとともに，いずれの群においても描画スキルの習得や描画力の向上によって描画は複雑性を増し，描画時間は増加すると予測される。

7.2　方　法

（1）参加者
　研究3の参加者は，研究2の参加者220名に今回新しく参加した69名を加えた289名である。いずれも筆者らの主宰する造形教室に在籍している子どもたちで，年齢ごとの内訳は，6歳42名（女24名・男18名），7歳60名（女40名・男20名），8歳51名（女37名・男14名），9歳51名（女25名・男26名），10歳47名（女31名・男16名），11歳38名（女18名・男20名）で，女175名，男114名である。

78　第Ⅱ部　描画制作過程の分析

（2）調査期間および調査場所

2002 年 10 月〜2005 年 6 月，筆者らの主催する造形教室に於いて実施した。

（3）「描画課題」の手続き

　新しく参加した 69 名の子どもたちを対象に，個別場面で 6 種類の刺激図形（一点，二点，三点，横線，縦線，十字線）を印した 6 枚の「描画課題カード」を用いて実施した。以下，描画課題の手続きは，研究 2 の手続きと全く同様に行った（研究 2 参照）。

（4）分　析
①表現タイプの群分けと出現数（率）の分析

　はじめに新しく参加した 69 名の描画 414 枚に関して，具象性評定尺度（図 6.1）を用いて，6 段階評定（0〜5）を行い，6 枚のカードの合計評定値を求め（0〜30），さらに参加者ごとに 5 名の評定者の合計評定値の平均値（平均評定値）を求めた。描画作品の評定は，客観性を保障するために，美術教員 4 名（経験年数 20 年以上），芸術療法家 1 名の計 5 名に依頼した。5 名の評定者の一致の程度（α 係数）は .97 であった。以上より，先の研究（新実ら，2005a）の参加者 220 名と今回の 69 名を合わせた 289 名の描画者の平均評定値（0〜30）が得られ，この評定値を基に表現タイプの「群分け（具象タイプ群と非具象タイプ群）」を行なった。

　なお，6 枚のカードの内的整合性については以下のように検討した。具象タイプ群の描画者が非具象タイプの描画を描く人数を求めた結果，カードⅠ（一点）では 4 名，カードⅡ（横線）では 2 名，カードⅢ（二点）では 4 名，カードⅣ（縦線）では 3 名，カードⅤ（三点）では 3 名，カードⅥ（十字線）では 3 名であった。同様に，非具象タイプ群の描画者が具象タイプの描画を描く人数を求めた結果，カードⅠ（一点）では 11 名，カードⅡ（横線）では

8名，カードⅢ（二点）では6名，カードⅣ（縦線）では10名，カードⅤ（三点）では17名，カードⅥ（十字線）では18名であり，これらの出現数に関してχ^2検定を行った結果，有意差は認められなかった。また具象タイプ群では6枚すべてのカードについて具象タイプの描画を描く率は81.38%，5枚以上のカードについて具象タイプの描画を描く率は92.20%，4枚以上の場合は96.97%であった。同様に，非具象タイプ群では6枚すべてのカードについて非具象タイプの描画を描く率は82.75%，5枚以上の場合は89.65%，4枚以上の場合は94.83%であった。以上より6枚のカードの内的整合性は高いと考えられた。

　表現タイプの「群分け」では，研究2の結果から，平均評定値の10付近を境として5以下と20以上の2つの区域に分布が集中する傾向が認められたことから，評定値5・4・3に該当する描画を「具象タイプ」の描画，それ以外を「非具象タイプ」の描画とし，平均評定値が18～30までを「具象タイプ群（具象群）」，0～17.9までを「非具象タイプ群（非具象群）」とした。さらに年齢による変化を検討するために，子どもたちの年齢を6～7歳群，8～9歳群，10～11歳群の3群に分けた。年齢別分布図によると，10歳以降では評定値の高い群と低い群にはっきりと分離する傾向が認められることから10～11歳群に，また一般に8～9歳以降は写実的段階に移る時期とされることから8～9歳群にまとめた。

　なお，補足的な分析として，造形教室での学習効果・経験年数の影響を検討するために，新入後の経験年数が12ヶ月以下と13ヶ月以上の子どもたちの2群に分け，表現タイプ群の出現数と出現率を比較した。さらに，性差の影響を検討するために，男子群と女子群に分け出現数と出現率を検討した。

②初発時間の分析

　初発時間は「刺激図形の知覚-判断-描画行為の開始」という一連の思考過程に要する時間（プランニング時間）を表す。教示後，描画カードを提示し，実際に描画を開始するまでの時間を0.1秒単位で計測した。

80   第Ⅱ部　描画制作過程の分析

③描画時間の分析

描画時間は，描画開始から描画終了までの時間を表す。実際に描き始めて
から，描画の中断時間も含み，描画者がペンを置くまでの時間を 0.1 秒単位
で計測した。なお，（描画）中断時間とは，描画者が描画の途中でペンを止
めて，質問を行なったり，考え込んだりした時間である。

7.3　結　果

（1）表現タイプ群の出現数（率）

具象群，非具象群の年齢群ごとの出現数（率）を表 7.1 に示す。具象群は
231 名（79.93%），非具象群は 58 名（20.06%）である。それぞれの群の具象
性評定尺度得点の平均値は，具象群が 26.3，非具象群が 6.9 である。各年
齢群の出現数（率）は，6〜7 歳群では具象群が 81 名（79.41%），非具象群が
21 名（20.58%），8〜9 歳群では具象群が 87 名（85.29%），非具象群が 15 名
（14.70%），10〜11 歳群では具象群が 63 名（74.11%），非具象群が 22 名
（25.88%）である。年齢群と表現タイプ群の χ^2 検定を行った結果，有意差は
認められなかった。なお，具象群の代表的描画の事例（具象性評定尺度得点の
平均値＝平均評定値；30.0）を図 7.1，図 7.2 に，非具象群の代表的事例（具象
性評定尺度得点の平均値＝平均評定値；0.0）を図 7.3，図 7.4 に示す。

表 7.1　表現タイプ群の出現数（率）

(%)（N=289）

年齢群	表現タイプ群		合計人数
	具象群	非具象群	
6〜7 歳群	81 （79.41）	21 （20.58）	102
8〜9 歳群	87 （85.29）	15 （14.70）	102
10〜11 歳群	63 （74.11）	22 （25.88）	85
合計	231 （79.93）	58 （20.06）	289

第7章 研究3；具象群と非具象群の描画特性と発達的変化　81

図7.1　具象群の代表的描画（1）（6歳女）平均評定値：30.0

図7.2　具象群の代表的描画（2）（9歳女）平均評定値：30.0

82　第Ⅱ部　描画制作過程の分析

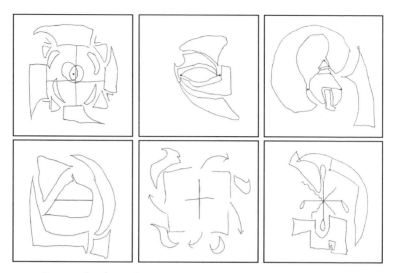

図7.3　非具象群の代表的描画（1）（6歳男）平均評定値：30.0

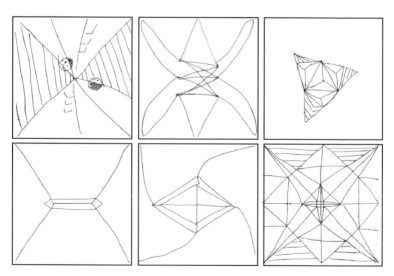

図7.4　非具象群の代表的描画（2）（9歳男）平均評定値：0.0

補足的分析；

①経験年数の群分けに基づく出現数（率）

経験年数の群分けに基づく具象群と非具象群の出現数（率）を表7.2に示す。経験年数が13ヶ月以上の描画者では，具象群が133名（79.64%），非具象群が34名（20.35%）であり，経験年数が12ヶ月以下の描画者では，具象群が98名（80.32%），非具象群が24名（19.67%）であった。経験年数と表現タイプのχ^2検定の結果，有意差は認められなかった。なお，ここでの経験年数とは造形教室における在籍年数を示す。

表7.2　表現タイプ群の出現数（率）（経験年数別）

（%）（$N=289$）

経験年数群	表現タイプ群		合計人数
	具象群	非具象群	
経験年数12ヶ月以下の群	98（80.32）	24（19.67）	122
経験年数13ヶ月以上の群	133（79.64）	34（20.35）	167
合計	231（79.93）	58（20.06）	289

②性別の群分けに基づく出現数（率）

性別の群分けに基づく出現数（率）を表7.3に示す。女子の具象群は154名（88.00%）で非具象群は21名（12.00%），男子の具象群は77名（67.54%）で非具象群は37名（32.45%）であった。性別と表現タイプのχ^2検定の結果，1%水準で有意差が認められた（$\chi^2(1)=16.76$, $p<.01$）。

表7.3　表現タイプ群の出現数（率）（性別）

（%）（$N=289$）

性別群	表現タイプ群		合計人数
	具象群	非具象群	
男子群	77（67.54）	37（32.45）	114
女子群	154（88.00）	21（12.00）	175
合計	231（79.93）	58（20.06）	289

（2）初発時間に関する分析

初発時間に関して，図7.5は具象群と非具象群の平均初発時間に関する年齢群別推移を図示したものである。表現タイプ×年齢の分散分析を行ったところ，表現タイプの主効果（$F=30.68$, $df=1/283$, $p<.01$）が認められ，年齢の主効果（$F=2.81$, $df=2/283$, $.05<p<.10$）は有意傾向，表現タイプ×年齢の交互作用は認められなかった。なお年齢の主効果に関する多重比較の結果，6～7歳群と10～11歳群の群間には1％水準で有意差が認められたものの，6～7歳群と8～9歳群および8～9歳群と10～11歳群の群間には有意差が認められなかった。

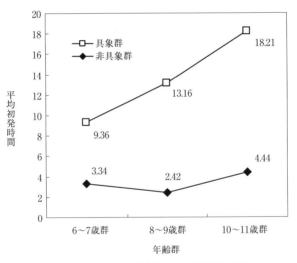

図7.5　平均初発時間に関する年齢群別推移

（3）描画時間に関する分析

描画時間に関して，図7.6は具象群と非具象群の平均描画時間に関する年齢群別推移を図示したものである。

表現タイプ×年齢群の分散分析を行ったところ，表現タイプの主効果（$F=43.70$, $df=1/283$, $p<.01$），年齢の主効果（$F=22.76$, $df=2/283$, $p<.01$），及び，表現タイプ×年齢群の交互作用（$F=8.30$, $df=2/283$, $p<.01$）が認められた。Bonferroniの単純主効果の検定の結果，6〜7歳では具象群と非具象群の群間に有意差が認められなかったが，8〜9歳と10〜11歳では具象群と非具象群の群間に1％水準で有意差が認められた。また具象群では6〜7歳群と10〜11歳群の群間には5％水準で有意差が認められたが，6〜7歳群と8〜9歳群の群間，および8〜9歳群と10〜11歳群の群間には有意差が認められなかった。一方，非具象群では6〜7歳群と8〜9歳群の群間および8〜9歳群と10〜11群の群間には5％水準で有意差が，6〜7歳群と10〜11群の群間には1％水準で有意差が認められた。

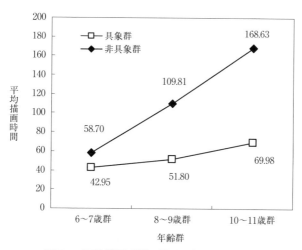

図7.6　平均描画時間に関する年齢群別推移

7.4 考　察

（1）表現タイプ群の出現数（率）

本研究では，Shotwell, Wolf, & Gardner（1980）が報告する初期のシンボ
ル獲得における2つのタイプに着目し，それぞれを具象・非具象タイプと対
比させながら認知的な共通性を探ってきた。研究3では，初めに表現タイプ
群の年齢群別（6〜7歳群，8〜9歳群，10〜11歳群）の出現数（率）を検討した。
その結果，年齢と表現タイプのχ^2検定では有意差が認められず，予測どお
り具象群と非具象群の出現率は年齢による偏りが見られず安定していること
が分かった。このことは，描画において Gardner（1979）が指摘した2つの
スタイルを持つ子ども，ドラマティストとパターナーが，リアリズム期に
入っても潜在している可能性を示唆すると考えられる。この2つのスタイル
は，研究者たちの間で度々取り上げられ個人差は間違いないとしつつも（浜
谷，1994），これまでは直接的に言及されることがなかった。しかし，今回の
結果は，表現タイプの個人差が研究対象として認識され，検討される可能性
を開いたと考えることができるだろう。

　また続いて，補足的分析において経験年数の影響を検討した結果，経験年
数と表現タイプのχ^2検定に有意差は認められず，経験年数によって具象群
と非具象群の出現に差がないということが分かった。このことは，表現タイ
プ群の出現は造形教室での経験年数の影響を受けないことを示唆している。
これまで表現タイプの個人差は，経験に基づく個別に特殊な出来事ではない
かという指摘を受けてきたが，今回の結果から，経験とは別の要因が表現タ
イプの出現にかかわっていることが推測される。

　またこの結果とは対照的に，性別に関するχ^2検定の結果では1%水準で
有意差が認められ（$\chi^2=16.76$, $df=1$, $p<.01$），男子では女子に比べて非具象
群の出現数（率）が多く，女子では男子に比べて具象群の出現数（率）が多

いことが分かった。一般に，男性は女性より視空間機能に優れているとされる（Kimura, 1999）。オンラインの視覚情報に反応しつつ描画行為を進めていく非具象描画において，空間を把握していく認知能力に優れた男子の出現が多いことは注目される。表現タイプの出現は，経験ではそれほど大きく変わらない認知的な傾向と関連があるのではないかと考えられる。

　以上，具象群と非具象群の出現数（率）は，年齢や経験年数の影響を受けず安定していることが分かった。では，具象群と非具象群の描画特性には，一貫性が認められるのであろうか。この問題に関しては，研究5において改めて検討する。

（2）初発時間とプランニング特性

　初発時間に関して，分散分析の結果から表現タイプ群間に主効果が認められ，予測どおり具象群のほうが非具象群よりも長いことが分かった。初発時間は，描画カードを手渡してから描画開始までの時間で，「刺激図形の知覚-判断（思考）-描画行為の開始」という一連の思考過程（プランニング過程）に要する時間（プランニング時間）である。一般に「思考」は「知覚」より時間がかかると考えられるが，具象群では，初発時間が「分」単位の描画者が認められ，描画開始前の「判断（思考）」に時間をかけていることが分かった。それに対して非具象群では，描画カードを受け取ると殆ど同時に描画が開始され，外界から感覚受容器に入ってくる刺激情報の「知覚」によってダイレクトに描画が開始されていると考えられた。具象群の平均初発時間は13.61秒，非具象群の平均初発時間は3.42秒であった。

　初発時間とプランニング特性の関連に関しては，具象群では先行研究の結果（新妻・新妻・佐藤，2005a）から，概念駆動型（conceptually driven process）のプランニングを行っていることが推測されたが，情報処理の制御の流れの視点から検討すると，概念駆動処理は刺激情報の解釈と評価に関する予期や仮説を生み出す高次のプロセスから始まるトップダウン処理と考えられる。

つまり具象群では，描画開始時に「点や線を何に見立てるか」という刺激情報の解釈や評価を行い，確定的な全体プラン「解」を案出し（描画の最終形をイメージし），あとはそれに従って行くという大域的（global）でトップダウン的なプランニングを行っていると考えられる。それに対して非具象群では，制作過程の逐次的段階（on-line）において順次生成，変更しながらボトムアップ式に完成させていく局所的（local）でボトムアップ的なプランニングを行っていると考えられる。

　一方，年齢に伴う変化に関しては，一般に過去の視覚的経験や概念的知識など記憶系に蓄積された情報は，課題状況の理解（understanding problem）や作品テーマに関する構想（generating ideas）や制作方略の組み立て（planning for action）など「プランニング過程」に影響を与えると考えられることから（Treffinger, 1995），「判断（思考）」に力点が置かれる具象群では，年齢に伴う記憶系の情報量の増加がプランニング過程に影響を与え，初発時間（プランニング時間）が変化するのではないかと考えた。しかし，初発時間の分析の結果，年齢の主効果に有意傾向が認められるものの，それぞれの年齢群間では有意差が認められず，年齢に伴う変化は，はっきりと示されなかった。この要因を探ると，具象群での「共通反応」の出現数（率）が関連しているのではないかと考えられる。共通反応は，画一的で慣習的なものの見方を反映することから，プランニング時間は短い。つまり「共通反応」の出現が，高年齢群（8〜9歳群と10〜11歳群）の初発時間の平均を低く抑え，年齢群間の差異を少なくしたのではないかと考えられる。この問題に関しては研究4で再検討する。

（3）描画時間と表現特性

　描画時間に関して，表現タイプ×年齢群の分散分析を行ったところ，表現タイプの主効果，年齢の主効果，及び，表現タイプ×年齢群の交互作用が認められ，予測どおり非具象群の描画時間は具象群より長いことが分かった。

また，交互作用が認められたことから，単純に主効果が認められたとはいえず年齢によって変化していく部分があることが分かった。

　描画時間は，描画開始から描画終了までの実際の描画に要する時間であり，「描画スピード」と描画作品の「書き込み量」の両面が関係すると考えられる。そこで，描画課題場面での描画スピードやリズム，描画の中断や終了の様子などを観察すると，具象群では，描画カードを受け取ると描画内容の構想（generating ideas）や制作方略の組み立て（planning for action）など，プランニングに時間をかけるが，「何を描くか（What）」が決まればトップダウン的に一気に再現するために，描画スピードは速い。それに対して非具象群では，刺激図形を知覚すると殆ど同時に描画を開始し，描画開始前に「何を描くか」は想定されず，on-line の視覚情報にボトムアップ的に反応しつつ描画を進め，描画スピードは遅い。また描画作品の「書き込み量」に関しては，具象群では，多くの場合「主題」を一個描くことで終了するため，描画時間が短い。一方，非具象群では，視覚的な可能性を探索するために描画時間が長い。

　佐藤（1998）は，コラージュ制作過程におけるプランニングと制作時間の関係に関して，Treffinger（1995）の創造的問題解決過程の構成モデルを参照し，制作プランに要する合計時間の総制作時間に占める割合（α）が大きければ大域的（global）なプランニング特性を，小さければ局所的（local）なプランニング特性を示すとし，手を動かしながら作品構想を行う局所的プランナーはボトムアップ式のプランニングを行うため，手を動かす前に時間をかけて作品構想を行う大域的プランナーに比較して制作時間が長くなる傾向を持つと報告する。

　本研究の初発時間と描画時間の合計を総制作時間とし，時間指標（α）を求めると，具象群の総制作時間の平均は 68.51 秒，初発時間は 13.61 秒であり（α）は .20 である。それに対して，非具象群の総制作時間の平均は 115.78 秒，初発時間は 3.42 秒であり（α）は .03 である。つまり，具象群

のほうが非具象群より（α）が大きく，大域的プランニングが行われている
ことが，非具象群は（α）が具象群より小さく，局所的プランニングが行わ
れていることが推測される。この結果は，局所的プランニングを行う非具象
群の方が，大域的プランニングを行う具象群より描画時間が長くなるという
分析結果と合致し，佐藤（1998）の報告とも合致する。

　一方，描画時間の年齢に伴う変化に関しては，非具象群では年齢とともに
増加するが，具象群では年齢による変化があまりみられないことが分かっ
た。その要因を探ると，具象群では，描画スキルの獲得の影響をあまり受け
ない「画一的」な表現が多く，描画時間が短い。それに対して非具象群で
は，年齢が上がるにつれてより複雑な表現となり，点や線，形と形の関係な
ど視覚的可能性を探索し，造形的な構成に関心を示す描画者も認められる。
つまり具象群の表現が，自己の知識や視覚的体験の内に留まる傾向があると
考えられるのに対して，非具象群の表現は自己の視覚体験を超えた新しい視
覚対象に向かうため，描画時間が長くなるのではないかと考えられる。新し
い視覚対象の創造に向かう非具象群の表現は，創造的な問題解決過程として
描画過程を捉える視点を提示するのではないかと考える。

第8章
研究4;「共通反応」の出現に関する検討

8.1　問題と目的

　研究3において，表現タイプ群の初発時間と描画時間に関して検討した結果，初発時間に関しては具象群のほうが非具象群より長いことが分かった。しかし，年齢に伴う変化に関しては両群ともに認められず，とくに概念駆動型のプランニングを行う具象群では，加齢とともに概念的知識や視覚的経験など記憶系に蓄積された情報量が増加し，プランニングに影響を与え初発時間が変化するであろうと考えたがはっきりとは示されなかった。また描画時間に関しても，具象群の描画時間は予測に反して，年齢による変化があまり認められなかった。この要因には「共通反応（popular response）」の出現が関連しているのではないかと考えられた。

　共通反応は，H. Rorschach（1884-1922）によれば「通例反応」あるいは「平凡反応（popular response）」とも呼ばれ，描画者の慣習的なものの見方を反映していることから，画一的な反応が多く，プランニング時間や描画時間は短いと考えられる。研究2，研究3の検討の結果，具象性度の高い群では，平均評定値20以上の具象性度の高い描画者139名中94名が1分以内に描画を終了している。

　そこで研究4では，描画者の反応内容（描画作品）の分析を行い，年齢群ごとの「共通反応」の出現数（率）を検討することとした。また，Rorschach は「通例（平凡）反応」を年齢や性別を問わず出現する普遍的な反応とみなしていることから（片口，1987），「共通反応」は全ての年齢群

（6〜7歳群，8〜9歳群，10〜11歳群）で出現し，年齢群間に差異が認められないと予測した。なお本研究では，平凡な，通例の，よくおこる反応の意味で「共通反応」と呼ぶこととする。

8.2　方　法

（1）対　象（描画作品）
　研究4の分析の対象は，筆者らの主催する造形教室に在籍している6歳〜11歳の子どもたち200名（年齢ごとの内訳は，6歳25名，7歳33名，8歳36名，9歳36名，10歳35名，11歳35名で，女120名，男80名）の描画課題カードの作品（描画作品）1200枚である。

（2）調査期間および調査場所
　2004年11月，筆者らの主催する造形教室に於いて実施した。

（3）分　析
　描画作品の分析に関しては，先に（新妻・新妻・佐藤，2005b）具象性評定尺度得点（具象性度）との相関研究を行い，具象性度の高い群では出現頻度の高い上位6つの反応カテゴリーが見出されている。そこで，本研究においても，はじめに「反応分類表」を作成し，上位6つの反応カテゴリーを抽出する。次に，「公共（平凡）反応」（popular response）とみなされる「共通反応」を抽出し，年齢群（6〜7歳群，8〜9歳群，10〜11歳群）ごとの出現数と出現率を検討する。なお，片口（1987）によれば，Rorschach自身は，3人に1人以上見られる反応を「公共（平凡）反応」とみなしているが，堀見・辻・長坂・浜中（1958）は，3人に1人，5人に1人，10人に1人の3つの基準を採用している。本分析では5人に1人以上を「共通反応」とみなすこととした。

8.3 結　果

　刺激図形に対する反応内容の分類を表8.1に示す。反応内容（content）に関しては，刺激図形をどのように具体物の属性として取り扱っているか（何に見立てているか）という観点から，いくつかのカテゴリーに分類した。なお，カードⅠ（St.1）は一点を，カードⅡ（St.2）は横線を，カードⅢ（St.3）は二点を，カードⅣ（St.4）は縦線を，カードⅤ（St.5）は三点を，カードⅥ（St.6）は十字線を示す。

　その結果，出現頻度の高い上位6つの反応カテゴリーとして，刺激図形の「点」（一点，二点，三点）では，目玉反応（以下 eye ball 反応と記述する），鼻の頭反応（以下 nose top 反応と記述する），花の中心反応（以下，center(f) 反応と記述する），三角形反応（以下，triangle 反応と記述する）を，刺激図形の「線」（横線，縦線，十字線）では，口反応（以下，mouth 反応と記述する），棒反応（以下，stem 反応と記述する）を抽出した。図8.1は，eye ball 反応，center 反応（花，車，時計の中心），nose top 反応，stem 反応（棒，茎），mouth 反応，triangle 反応（三角形，三角屋根，トライアングル）の具体例である。また，表8.2は，上位6つの反応の出現数（率）である。eye ball 反応は53.00%，nose top 反応は24.00%，center(f) 反応は22.00%，mouth 反応は21.00%，stem 反応は19.00%，triangle 反応は19.00%であった。以上より，本実験では5人に1人以上（20%以上）の出現率を示す eye ball 反応，nose top 反応，center(f) 反応，mouth 反応を「共通反応」として抽出した。

　表8.3は「共通反応」の年齢群ごとの出現数（率）である。eye ball 反応，nose top 反応，center(f) 反応，mouth 反応と年齢群の χ^2 検定を行った結果，いずれも有意差は認められなかった。さらに，この4つの「共通反応」のいずれか1つを示す描画者の出現率を検討した結果，6〜7歳群では40/63

94　第Ⅱ部　描画制作過程の分析

表8.1　反応内容の分類表

		カードⅠ(St.1)		カードⅡ(St.2)		カードⅢ(St.3)		カードⅣ(St.4)		カードⅤ(St.5)		カードⅥ(St.6)	
	1	鼻の頭	42	口	35	目玉	86	棒	36	三角形	37	分割線	20
	2	花の中心	34	地面	8	車輪の中心	8	草の茎	13	目玉	31	窓	14
	3	目玉	28	屋根	8	花の中心	4	木	12	三角屋根	12	十字口	11
	4	キャラクター	5	中心分割	5	鼻の頭	3	本	9	花の中心	10	十字架	11
	5	時計	4	帽子	4	星座	3	鼻	9	星	8	蝶	9
	6	いきもの	4	窓	3	蟻の頭	3	口	6	トライアングル	7	花	7
	7	太陽	4	電車	3	花火	3	体	4	テント	6	プラス記号	6
	8	穴	3	ヨット	3	音符	2	ドア	4	サイコロ	5	魚	6
	9	リボンの結び	3	果物	3	鉄棒	2	あみだくじ	3	ピラミッド	4	田んぼ	6
	10	蟻の頭	3	水平線	2	三角形	2	建物	3	果物	4	風車	6
	11	星座	2	植木鉢	2	やじろべー	2	仮面	3	帽子	3	東西南北	5
	12	梅干	2	ピアノ	2	耳	2	昆虫	3	おにぎり	3	マーク	5
	13	へそ	2	ピラミッド	2	風車	1	蝶	2	鼻の頭	3	的	4
	14	マーク	2	昆虫	2	地図	1	矢印	2	傘	2	カイト	4
具	15	サイコロ	2	鉄棒	2	昆虫	1	文字	2	建築物	2	手裏剣	4
象	16	果物	2	茎	2	乳	1	三角形	2	三角鼻	2	部屋	3
群	17	花火	1	五線譜	1	ボール	1	布団	2	山	2	地図	3
	18	文字	1	ロケット	1	ピストル	1	迷路	2	くちばし	1	観覧車	3
	19	地図	1	迷路	1	机	1	ロケット	2	からだ	1	秤	3
	20	てんとう虫	1	傘	1	めがね	1	分割線	2	矢印	1	傘	2
	21	仮面	1	線路	1	サイコロ	1	脚	1	鏡	1	万華鏡	2
	22	ヘリコプター	1	十字架	1	ロボット	1	釣り糸	1	万華鏡	1	クモの巣	2
	23	おにぎり	1	ポケット	1	迷路	1	袖	1	チーズ	1	ヨット	2
	24	チューリップ	1	地図	1	つり橋	1	窓	1	工具	1	卍	2
	25			カップ	1	ロケット	1	舌	1	ロケット	1	アイアイ傘	2
	26			木	1	電車	1	地面	1	チェリー	1	亀	2
	27			文字	1	ベース	1	前髪	1	文字	1	タンス	1
	28			鉛筆	1	屋根	1	パン	1	リュック	1	サボテン	1
	29			釜	1	花の根	1	結晶	1	へび	1	砂時計	1
	30			靴	1	文字	1	葉	1	ぶどう	1	ネット	1
		その他	0	その他	67	その他	27	その他	36	その他	14	その他	20
		St無視	18	St無視	1	St無視	3	St無視	0	St無視	0	St無視	0
非具象群	1		0	口	1	鼻の頭	1		0	三角形	1		0
	2	抽象	32	抽象	31	抽象	31	抽象	32	抽象	31	抽象	32
N			200		200		200		200		200		200

第8章 研究4;「共通反応」の出現に関する検討　95

図 8.1　eye ball, center, nose top, stem, mouth, triangle 反応例

96　第Ⅱ部　描画制作過程の分析

表8.2　上位6つの反応の出現数（率）

	eye ball （%）	nose top （%）	mouth （%）	center (f)　（%）	stem (棒)　（%）	triangle (三角形)（%）
なし	94 （47.00）	152 （76.00）	158 （79.00）	146 （73.00）	134 （67.00）	143 （71.50）
あり	106 （53.00）	48 （24.00）	42 （21.00）	44 （22.00）	38 （19.00）	38 （19.00）
N	200 （100.0）	200 （100.0）	200 （100.0）			
				center (車輪)　（%）	stem (草茎)　（%）	triangle (三角屋根)（%）
あり				10　（5.00）	15　（7.50）	12　（6.00）
N				200 （100.0）		
					stem (木)　（%）	triangle (楽器)　（%）
あり					13　（6.50）	7　（3.50）
N					200 （100.0）	200 （100.0）

表8.3　共通反応の年齢群別の出現数（率）

	eye ball　（%）	nose top　（%）	mouth　（%）	center (f)　（%）
6〜 7歳群 （N=63）	29/ 63 （46.03）	18/ 63 （28.57）	10/ 63 （15.87）	14/ 63 （22.22）
8〜 9歳群 （N=72）	41/ 72 （56.94）	18/ 72 （25.00）	15/ 72 （20.83）	13/ 72 （18.05）
10〜11歳群 （N=65）	36/ 65 （55.38）	12/ 65 （18.46）	17/ 65 （26.15）	17/ 65 （26.15）
	106/200 （53.00）	48/200 （24.00）	42/200 （21.00）	44/200 （22.00）

（63.49%），8〜9歳群では56/72（77.78%），10〜11歳群では49/65（75.38%）であり，χ^2検定の結果，有意差は認められなかった。

8.4　考　察

　刺激図形に対する反応内容の分析の結果，6歳から11歳の子どもたち全ての描画者で20%以上（5人に1人以上）の出現率を示すeye ball反応，nose top反応，center（f）反応，mouth反応が「共通反応」として抽出された（図8.1参照）。「共通反応」はRorschachによれば年齢にかかわらず出現する

普遍的な反応と考えられているが，本研究においても eye ball 反応，nose top 反応，center（f）反応，mouth 反応に関しては，予測どおり具象群の年齢群間に有意差は認められず，共通反応の出現数（率）に差異が認められなかった。とくに eye ball 反応に関しては，すべての年齢群で50%以上の出現率を示した。

　以上より，「共通反応」はすべての年齢群（6〜7歳群，8〜9歳群，10〜11歳群）で出現し，年齢群間に差異は認められないという予測は検証された。これによって，年齢とともに増加する視覚的体験や知識は，プランニングや描画方略に影響を与え初発時間や描画時間が長くなるであろうと考えたが，「共通反応」の出現が，初発時間（プランニング時間）や描画時間の年齢に伴う変化を抑えていることが示唆された。とくに描画時間に関しては，慣習的なものの見方を反映する画一的な反応が，描画時間の増加を低く抑えたと考えられる。

　ところで，eye ball 反応，nose top 反応，mouth 反応はともに，ヒトや動物（擬人化された動物）に関連する反応であり，具象群ではヒトや動物に関連する反応（生物反応，Rorschach）が多い。このことは Gardner のドラマティストが「人間中心型」であり，他者とのコミュニケーションを重視している点と関連があるのではないだろうか。一方，非具象群では芸術や抽象に関連する反応が認められたが「生物反応（ヒトや動物）」はほとんど認められず，また，「共通反応」を示す描画者も認められなかった。Rorschach は「共通反応」と対比して，100人に1人，あるいは，それ以下の低い頻度でしか現れない稀な反応を「稀有（独創）反応」（original response）と呼び区別している。また，「稀有（独創）反応」を統計的に検定することは不可能に近いとしている（片口，1987）。非具象群の描画内容も，カテゴリー化することが難しく主観的で個別の反応と考えられた。

　以上，具象群と非具象群では，対比的な傾向を示す描画作品が認められることが分かった。一方は，「共通反応」とみなされる客観的で普遍的な内容

が，そしてもう一方は，Rorschach が「稀有（独創）反応」とみなすような主観的で個別的な内容である。「共通反応」は自己の記憶系の情報との照合に基づく反応であり，それは多く場合，人間反応や動物反応を伴うものであり，ある意味で，人が環境世界に適応的に生きてゆくときに大切な反応であろう。一方，非具象群では，独創的な表現が認められ，自己の視覚的体験を超えた表現が試みられていく。創造性の観点からは，この日常性に変化を与え，新しいものを生み出していく反応も大切な反応であると考えられる。

第9章
研究5；描画特性の一貫性に関する検討

9.1　問題と目的

　これまでの研究から，「描画課題」場面では，点と線を再現的に利用する具象タイプ（figurative）の表現と，点と線の知覚可能な属性に反応する非具象タイプ（non-figurative）の2つの表現が行われることが分かった。さらに，研究3の具象群と非具象群の「群分け」に基づく検討では，年齢群ごとの出現数（率）に有意差は認められず安定していることが分かった。また，表現タイプ群の出現に関する補足的分析の結果からは，造形教室での経験年数の影響は受けないことが示唆された。一方，性別に関するχ^2検定の結果からは，オンラインの視覚情報に反応しつつ描画行為を進めていく非具象描画において，空間を把握していく認知能力に優れた男子の出現が多いことが示唆された。このことから表現タイプ群の出現は，経験ではそれほど大きく変わらない認知的な傾向と関連があるのではないかと推測された。では，具象群と非具象群の出現には，一貫性が認められるのであろうか。

　一貫性に関しては，新妻らの先行研究（2003）で，一回目平均評定値と二回目平均評定値の間に有意な正の相関が認められ，平均評定値20以上の高い区域で一貫性を示す群と平均評定値5以下の低い区域で一貫性を示す群に分離する傾向が認められた。しかし，相関分析のみの検討であり，具象群と非具象群の一貫性の検討としては不十分であると考えられる。そこで研究5では，第一回目の描画課題対象者に第二回目の描画課題を行い，平均評定値に基づく「群分け」を行うこととした。これによってそれぞれの描画者の一

100　第Ⅱ部　描画制作過程の分析

回目と二回目の「群分け」が成され，表現タイプ群の出現に関する一貫性を
検討できると考えた。

　以上より研究5では，一回目描画課題で具象群に「群分け」された描画者
は，二回目の描画課題でも具象群に「群分け」され，同様に，一回目描画課
題で非具象群に「群分け」された描画者は，二回目の描画課題でも非具象群
に「群分け」されると予測し，描画特性の一貫性を確かめることとした。

9.2　方　法

（1）参加者

　研究5の参加者は，筆者らの主催する造形教室に在籍し，第一回目の描画
課題を行った6歳〜10歳までの描画者134名である。年齢ごとの内訳は，6
歳25名，7歳37名，8歳33名，9歳23名，10歳16名で，女88名，男46
名である。

（2）調査期間および調査場所

2001年5月〜2003年6月，筆者らの主催する造形教室に於いて実施した。

（3）第二回目「描画課題」の手続き

　第二回目の「描画課題」は第一回目と同様に，個別場面で6種類の刺激図
形（一点，二点，三点，横線，縦線，十字線）を印した6枚の「描画課題カー
ド」を用いて実施した。以下，描画課題の手続きは，研究2および研究3の
手続きと同様に行った（研究2，3参照）。なお，二回目の「描画課題」は一
回目の「描画課題」から1年以上3年未満の時間をおいて行った。

（4）分　析

　一回目描画課題と同様に，二回目描画課題の対象者134名の描画804枚に

第9章 研究5：描画特性の一貫性に関する検討　101

関して、「具象性評定尺度（図6.1）」を用いて6段階評定（0～5）を行い、6枚のカードの合計評定値を求め（0～30）、さらに参加者ごとに5名の評定者の合計評定値の平均値（平均評定値）を求めた。描画作品の評定は、客観性を保障するために、美術教員4名（経験年数20年以上）、芸術療法家1名の計5名に依頼した。5名の評定者の一致の程度（Cronbachのα係数）は.97であった。以上より、二回目評定値が得られた。

　続いて、二回目評定値の結果から「群分け」を行なった。「群分け」の基準は、研究3と同様に、評定値5・4・3に該当する描画を「具象タイプ」の描画、それ以外を「非具象タイプ」の描画とし、平均評定値が18～30までを「具象タイプ群（具象群と表記）」、0～17.9までを「非具象タイプ群（非具象群と表記）」とした。

9.3　結　果

　一回目描画課題と二回目描画課題の表現タイプ群の出現数を表9.1に示す。McNemar検定を行った結果、5%水準で有意差が認められなかった。したがって、一回目描画課題と二回目描画課題では、表現タイプ群の出現数に変化がなかったと考えられる。

表9.1　表現タイプ群の出現数

| | | 二回目描画課題 | | |
		具象群	非具象群	N
一回目描画課題	具象群	102	11	113
	非具象群	2	19	21
	N	104	30	134

9.4 考　察

　分析の結果から，一回目描画課題と二回目描画課題の表現タイプ群の出現に変化が認められず，一回目描画課題で具象群に「群分け」された描画者は二回目の描画課題でも具象群に「群分け」され，同様に，一回目描画課題で非具象群に「群分け」された描画者は二回目の描画課題でも非具象群に「群分け」されるという予測は検証された。

　表9.1の表現タイプ群の出現数の変化を見ると，一回目と二回目ともに具象群の描画者は 102 名（90.27%），同様に，一回目と二回目ともに非具象群の描画者は 19 名（90.48%）である。ただし，一回目描画課題では具象群であるが，二回目描画課題では非具象群の描画者が 11 名（9.73%）認められる。この 11 名の描画者に着目すると，具象群と非具象群の「群分け」の分岐点に近い，平均評定値 18.0〜19.0 の描画者（具象群）が 5 名含まれている。具象群と非具象群の「群分け」の基準は，平均評定値が 18〜30 までを「具象群」，0〜17.9 までを「非具象群」としているが，分岐点の評定値に近い描画者では，評定者の微妙な判定が「群分け」を左右すると考えられる。

　しかし，このような評定の難しさにかかわらず，予測は検証され，描画特性の一貫性が認められた。このことから，それぞれの表現タイプ群が示すプランニング特性や描画方略が恒常的なものであることが示唆される。また，表現タイプ群の出現に関しては，研究 3 の経験年数や性別に基づく補足的分析において，年齢や造形教室での経験年数による偏りが見られず安定していること，さらに性別の分析結果からは，何らかの認知的傾向と関連することが報告されている。これらの報告と，今回の描画特性の一貫性が認められたことと併せて考えると，具象群と非具象群の出現には，経験差や年齢差の影響を受けにくい認知的な傾向との関連が推測される。今後は，具象・非具象群の描画特性がどのようなメカニズムによって生ずるのかを探るために，表

現タイプ群の認知特性に関するデータの収集と分析を行なうことが必要であ
ると考える。

第Ⅲ部
具象群と非具象群の認知特性と認知スタイル

第 10 章
研究 6；WISC-Ⅲ を用いた表現タイプ群の
言語性知能と動作性知能の検討

10.1　問題と目的

　本研究では，これまで2つの新しい視点から描画研究を進めてきた。一つ
は，全ての造形活動の基礎となる造形要素（点と線）に着目し，「形＝意味」
の発生以前の段階に遡って検討すること，もう一つは，造形要素の「点」と
「線」を刺激とする描画制作過程を，「刺激（刺激図形）」–「有機体（描画者）」
–「反応（描画行為）」の一連の認知過程（情報処理過程）として捉え，刺激と
反応の関係を予測するための描画者の媒介過程（心的過程）に着目すること
である。

　第一の問題に関しては，第Ⅱ部の研究1，研究2，研究3において，点と
線に着目する実験的な調査「描画課題」を行い，描画制作過程の分析を試み
た。その結果，再現性の枠組みを前提とする研究では見過ごされてしまいが
ちな「非具象（non-figurative）」タイプの表現が認められた。また，第二の問
題に関しては，主に研究3において，具象群と非具象群の初発時間と描画時
間の分析を行い，それぞれの群の描画特性を抽出した。とくに，プランニン
グ特性に関しては，具象群では刺激情報の解釈と評価に関係する予期や仮説
を生み出す，高次のプロセスから始まるトップダウン処理（概念駆動処理）
が行われていることが，非具象群では物理的特徴の分析から始まって最終的
な解釈の構築をめざして上向きに進むボトムアップ処理（データ駆動処理）が
行われていることが推測され，描画者の認知スタイルや思考スタイルを反映

すると考えられた。

　しかし，これまでの検討では，どのような心的機序がプランニングに反映されているのかを直接的に説明するデータは得られていない。つまり，描画行動のメカニズムと描画特性の関連性を探るという基本的な課題は残されたままである。そこで，第Ⅲ部では，具象群と非具象群の認知の個人差を直接的に説明するデータを得ることを具体的な課題として掲げる。はじめに先行研究が見当たらないことから，研究6では，日本版ウェクスラー式児童知能検査第Ⅲ版（Wechsler Intelligence Scale for Children-3rd Edition; WISC-Ⅲ）による探索的調査を行うこととした。WISC-Ⅲは，児童の認知的な能力を検出するために開発された検査で，主に学習支援の観点から検討されるものが多い。先行研究を概観すると，子どもの固有の認知的傾向を明らかにし，その結果に基づいた個別的な学習支援方略を適用するアプローチが成果をあげている（藤本，2010；遠藤，2010）。そこで研究6では，WISC-Ⅲを用いることで，具象群と非具象群の認知的な能力の差異を検出することができるのではないかと考えた。

　WISC-Ⅲは，5歳0ヶ月から16歳11ヶ月までの子どもの知能を測定する個別式検査であり，10個の基本検査と3個の補助検査から構成され，この基本検査から，「言語性知能指数（Verbal Intelligence Quotient; VIQ）」と「動作性知能指数（Performance Intelligence Quotient; PIQ）」，「全検査知能指数（Full scale Intelligence Quotient; FIQ）」の3種類の知能指数が算出される。「言語性知能指数（以下，VIQと表記する）」とは，獲得した学習経験に関する能力である言語性知能や結晶性知能の程度を示すものであり，5個の基本検査「知識」「類似」「算数」「単語」「理解」の結果から産出され，知識量，論理的思考力，計算力，説明力，状況判断力を反映する。「動作性知能指数（以下，PIQと表記する）」とは，新奇課題への適応に関する能力である非言語性知能や流動性知能の程度を示すものであり，5個の基本検査「絵画完成」「符号」「絵画配列」「積み木模様」「組合せ」の結果から算出され，注意力，

第 10 章　研究 6：WISC-Ⅲを用いた表現タイプ群の言語性知能と動作性知能の検討　　109

視覚的短期記憶力，推察力，空間認知力，統合力を反映する。また，「全検査知能指数（以下，FIQ と表記する）」とは，VIQ と PIQ から構成される総合的知能の程度を示すものである。

　本研究では，研究 2，3 の検討から，具象タイプでは描画中や描画終了後に自発的に絵に命名する「命名行為」や描画作品に文字を書き入れて表現を補足する「補足表現」が認められ，言語的な言及の度合いが高いことが報告されている。またプランニングに関しては，具象群では，描画開始時に刺激図形の「解釈」や「評価」が行われ，具体物の属性として意味づけられることから，描画者の既存知識や視覚的体験など記憶系に貯蔵された情報に依存するトップダウンの概念駆動処理（conceptually driven process）が行なわれていると推測される。そこで，WISC-Ⅲでは，具象群は説明力，思考力を反映する言語性知能や結晶性知能が高いのではないかと考えた。

　一方，非具象群では，刺激図形の物理的な特徴を分析することから描画が開始され，オンラインの視覚的情報に導かれながら進められ，最終的な「解」を求めて上向きに進むデータ駆動処理（data driven process）が行なわれていると推測される。そこで非具象群では，絶えず変化していく視覚的な情報を把握し，描画を進めるための注意力，視覚的短期記憶力，推察力，空間認知力，統合力が求められ，非言語性知能や流動性知能の程度が高いのではないかと考えた。以上より，研究 6 では，以下の 2 つの予測をたてた。

　　予測 1：表現タイプ群間の差異に関して，非具象群は具象群より動作性知
　　　　　　能指数（PIQ）が高い。
　　予測 2：表現タイプ群内の相対的なレベルに関して，非具象群では動作性
　　　　　　知能指数（PIQ）が言語性知能指数（VIQ）より高い。

　研究 6 の目的は，以上の 2 つの予測を検証し，具象群と非具象群の認知特性を捉えることである。なお，本研究では VIQ と PIQ の他に，因子分析に

110 第Ⅲ部 具象群と非具象群の認知特性と認知スタイル

よって特定された4種類の群（因子）から，「言語理解（Verbal Comprehension; VC）」および「知覚統合（Perceptual Organization; PO）」の2つの群指数（Index Score）を算出し，VIQ および PIQ の結果と比較検討する。

10.2　方　法

（1）参加者

研究6の参加者は，筆者らの造形教室に在籍する8歳～13歳までの児童・生徒16名（8歳1名，9歳2名，10歳5名，11歳5名，12歳1名，13歳2名），男7名，女9名である。

（2）調査期間および調査場所

2010年10月～（東日本大震災のため一時，調査を中断する）2011年9月である。筆者らの主催する造形教室で実施した。

（3）手続き

日本版ウェクスラー式児童知能検査第Ⅲ版（WISC-Ⅲ;Wechsler Intelligence Scale for Children-3rd Edition）を用い，個別場面で実施した。施行時間は90分から100分程度である。なお倫理的配慮に関して，参加者とその保護者に対して研究および調査内容を説明し，承諾が得られた場合にのみ検査を実施した。個人情報を厳守するために，参加者すべての情報を匿名化すること，デジタルデータは研究終了後，速やかに消去すること，紙面データはシュレッダーによって破棄することを保護者に約束した。

（4）分　析

日本版ウェクスラー式児童知能検査第Ⅲ版（WISC-Ⅲ）の手引きに基づき，調査者が行なった。

第 10 章　研究 6：WISC-Ⅲを用いた表現タイプ群の言語性知能と動作性知能の検討　　111

10.3　結　果

　16 名の全検査知能指数 FIQ，言語性知能指数 VIQ，動作性知能指数 PIQ，群指数 VC，PO の平均値と標準偏差は表 10.1 の通りである。表現タイプ×能力（VIQ, PIQ）との 2 要因の分散分析を行った結果，交互作用，主効果いずれにおいても有意差は認められなかった。また表現タイプ×群指数（VC，PO）との 2 要因の分散分析を行った結果も同様で，交互作用および主効果に有意差は認められなかった。分析結果を図 10.1 に示す。なお，下位項目の平均値と標準偏差は表 10.2 の通りである。

　なお，PIQ の 5 つの下位項目，「絵画完成」，「符号」，「絵画配列」，「積み木模様」，「組合せ」に関して表現タイプ群間の t 検定を行った結果，PIQ の下位項目「組合せ」が 1％水準で有意であったが（t＝3.38, df＝14, p＜.01），その他の項目に関しては，有意差は認められなかった。また，全検査知能指数 FIQ に関して表現タイプ群間の t 検定を行った結果，有意差は認められなかった。

表 10.1　WISC-Ⅲの FIQ，VIQ，PIQ，VC，PO の平均値と標準偏差

		FIQ	VIQ	PIQ	VC	PO
具象群（N＝10）	平均値	111.20	110.20	110.00	110.80	109.30
	SD	9.38	12.68	9.67	14.65	10.12
非具象群（N＝6）	平均値	112.67	111.50	111.33	110.83	113.17
	SD	10.80	9.48	12.16	10.27	13.30

表10.2　WISC-Ⅲの下位項目の平均値と標準偏差

		VIQ					PIQ				
		知識	類似	算数	単語	理解	絵画完成	符号	絵画配列	積木模様	組合せ
具象群	平均値	10.40	13.60	11.10	11.10	12.00	10.90	11.30	11.30	12.30	11.30
($N=10$)	SD	3.47	3.50	1.52	3.38	3.50	2.96	2.00	2.79	2.31	1.57
非具象群	平均値	11.83	11.83	13.00	12.33	11.67	11.17	10.33	11.33	12.00	13.67
($N=6$)	SD	2.23	2.32	0.89	1.63	2.81	2.56	1.63	3.20	3.10	1.21

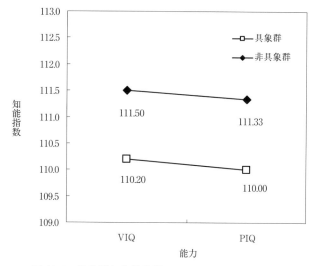

図10.1　具象群と非具象群のVIQとPIQの平均値

10.4　考　察

　表現タイプ群の認知的傾向に関して，分散分析の結果，予測1，2はいずれも検証されなかった。さらに今回の調査では補足的に，言語理解（VC）と知覚統合（PO）の差異を検討したが，表現タイプ群間に差異は認められなかった。以上より，表現タイプ群間の差異に関して，非具象群では具象群より動作性知能指数PIQが高いと予測したが，PIQに差異は認められず，新

第10章　研究6；WISC-Ⅲを用いた表現タイプ群の言語性知能と動作性知能の検討　113

奇課題場面での対応力を基盤とする非言語性知能（流動性知能）に関する表現タイプ群間の差異を掬い取ることができなかった。また，表現タイプ群内の相対的なレベルに関して，非具象群では動作性知能指数 PIQ が言語性知能指数 VIQ より高いと予測したが，差異は認められなかった。

　この原因を探るために，PIQ の下位項目を検討すると，5 個の下位検査の内，「組合せ」に有意差が認められたものの，「絵画完成」「符号」「絵画配列」「積み木模様」には差異が認められなかった。中でも「絵画完成」は，注意力，視覚的短期記憶力，推察力，空間認知力，統合力を反映する項目として着目したが，実際には絵の中の不足部分を指摘する問題であり，視覚的認知力よりも既有知識の有無や論理的思考力，状況判断力が反映されると考えられた。また同様に着目した「絵画配列」も，実際にはストーリー性が重視され，解釈や推察力，説明力が必要とされると考えられた。つまりこの 2 つの下位項目では，知識を基盤とする推察力や統合力が問題とされ，視覚的認知力や空間的認知力の程度を反映する非言語性知能（流動性知能）の評価項目として疑問が残った。さらにこのことから，WISC-Ⅲの言語性知能指数（VIQ）と動作性知能指数（PIQ）が，実際には類似する認知特性を測っているのではないかという疑問も提示された。

　以上より WISC-Ⅲの動作性と言語性は，2 つの群の認知特性としては弁別性が低いと考えられた。なお今回の調査では補足的に，全検査知能指数（FIQ）に関しても分析を行ったが，具象群と非具象群間に有意差は認められなかった。これは表現タイプ群間では既有知識や学習経験に関する差異が認められないことを示唆するものであり，表現タイプ群の出現に関して，習得知識量や学習量の差を伴う年齢差や経験差が関与しないという研究 3 の結果と合致した。

第11章
研究7；DN-CAS を用いた表現タイプ群の
「同時処理」と「継次処理」の検討

11.1 問題と目的

　研究6の結果から，WISC-Ⅲの言語性知能指数（VIQ）と動作性知能指数
（PIQ）は，実際には類似する認知能力を測っているのではないかという疑問
が提示された。また，WISC-Ⅲでは知識を基盤とする推理力や統合力が問
われる問題が多く，学校教育や学習経験により得られる知的レベルを評価す
る習得尺度の側面が強いと考えられた。そこで研究7では，既有知識ではな
く，新奇場面での問題解決能力に焦点を当てて調査を行うこととした。

　Kaufman（1983）は，ウェクスラー検査における言語性，動作性といった
二分法では知能特性を把握するには限界があると考え，子どもの習得知識で
はなく新奇場面での問題解決能力を評価する K-ABC（Kaufman Assessment
Battery for Children）を開発した。K-ABC の認知処理尺度は，同時処理
（Simultaneous）と継次処理（Successive）の2つの尺度を総合し，知的レベル
を評価する習得尺度に加えて情報処理の過程を評価するものである。この
K-ABC は，ソビエトの神経心理学者 Luria（1973）の脳モデルを理論的背景
としているが，同時期，カナダの Das, Naglieri, & Kirby（1979）も Luria の
知見をもとに『同時処理と継次処理（Simultaneous and Successive Cognitive
Processes)』を出版し，同時処理と継次処理を評価するための方法に関する
研究を行った。K-ABC はこの Das らの成果をもとに 1983 年に標準化され，
同時処理と継次処理の測定が可能となるが，その後さらに Naglieri & Das

(1988, 1990) は，K-ABC には Luria の示したプランニングと注意の機能尺度がないことを指摘し，人間の認知機能はプランニング，注意，同時処理，継次処理の４つの重要な活動に基づいており，これらが個人の知識基盤を変化させるという考えを提案し，PASS 理論に基づく新しい知能検査 DN-CAS (Das-Naglieri Cognitive Assessment System) を開発した。

　DN-CAS の PASS 理論は，知能を認知処理過程とする新たな知能観をもたらし，アメリカでは 1997 年から利用され（Naglieri & Das, 1997），日本版は前川らによって 2007 年に標準化されている。本研究では PASS 理論から，とくに，情報を操作する様式としての「同時処理」と「継次処理」に着目する。

同時処理

　同時処理（Simultaneous）とは，個人が分割された刺激を単一のまとまりやグループにまとめる心的過程である（Luria, 1970）。同時処理には「非言語的-空間活動」と「言語的-文法活動」が含まれ，空間的側面では，刺激をグループとして知覚すること，複雑な視覚的イメージを内的にまとめ上げることが求められる。言語的側面では，「論理-文法」関係を理解することが求められる。下位項目には「図形の推理」「関係の理解」「図形の記憶」がある。「図形の推理」はパターンの完成，類似性の推理，空間の視覚化といった様々な形式に基づいて作成され 33 の問題からなる。子どもは，図形の関係性を解読し，選択肢の中から最良のものを選択することが求められる。「関係の理解」では，空間関係について論理・文法関係を記述した文を理解できるかどうかを求められ，言語と空間の関係性について問う 27 の問題からなる。「関係の理解」は，同時処理の指標としては唯一，言語的な内容を含む。「図形の記憶」は，記憶による図形描写と図形複製の問題であり，27 の問題からなる。日本版では予備調査の結果，天井効果があったため，米国版より複雑な図形を用いている。以上，同時処理の下位項目は，「言語的-文法的」活動が含まれるものの「非言語的-空間的」活動に言及した項目が多い。そ

こで，同時処理は on-line の視覚情報に反応しつつ描画を進めていく非具象群において，優位に働くのではないかと考えた。

継次処理

一方，継次処理（Successive）とは，個人が特定の系列的順序で，鎖のような形態で刺激を統合する心的過程である。継次処理の明確な性質は，それぞれの要素が順次続いていくという関係だけであり，これらの刺激は相互に関連はしない。継次処理では，事象を系列的に統合することの理解と保持が求められる。下位項目には「単語の記憶」「文の記憶」「統語の理解」がある。「単語の記憶」は9つの単語で構成された読み上げを記憶し，検査者が言ったのと同じ順番で声に出して繰り返すことが求められ，28の問題からなる。「文の記憶」は20の問題からなり，色の名前が使われた問題文を繰り返すことを求められる。「統語の理解」は，検査者が読み上げた文に関する質問に答えることが求められ，21の問題からなり，単語間の系列関係を踏まえた文の構造を認識することが求められる。以上，継次処理の下位項目では，言語的活動に言及した項目が多い。そこで，描画制作過程で命名数や補足数が多く言語的言及の度合いが高い具象群において，優位に働くのではないかと考えた。

さらに，DN-CAS の利用に関して，前川ら（2007）は，DN-CAS は大まかな認知機能特性を測定できるとともに，従来の検査では測定できなかった個人内の認知処理の相対的レベル（強い面と弱い面）や，同一集団と比べた場合の処理能力などを得ることができるとしている。そこで本研究においても，表現タイプ群内の同時処理と継次処理の相対的レベル（強い面と弱い面）を検討することができると考えた。以上より，研究7では，以下のような2つの予測を検証することとした。

表現タイプ群間の差異に関して，
予測1：非具象群は具象群より同時処理の標準得点が高い。

第11章　研究7：DN-CAS を用いた表現タイプ群の「同時処理」と「継次処理」の検討　117

表現タイプ群内の相対的レベルに関して，

予測2：非具象群では継次処理より同時処理の標準得点が高い。

11.2　方　法

（1）参加者

研究7の参加者は筆者らの主催する造形教室に在籍する10歳～15歳までの児童・生徒23名（10歳1名，11歳8名，12歳5名，13歳4名，14歳3名，15歳2名），男8名，女15名である。

（2）調査期間および調査場所

2011年11月～2012年6月，筆者らの主催する造形教室で実施した。

（3）手続き

標準実施にて個別に施行，施行時間は60～80分程度である。なお倫理的配慮に関して，参加者とその保護者に対して研究および調査内容を説明し，承諾が得られた場合にのみ検査を実施した。また，個人情報を厳守するために，参加者すべての情報を匿名化すること，デジタルデータは研究終了後，速やかに消去すること，紙面データはシュレッダーによって破棄することを保護者に約束した。さらに DN-CAS の全検査は実施せず，PASS 尺度のうち，同時処理と継次処理の2つの尺度に関する項目のみを調査することを説明した。

（4）分　析

DN-CAS 日本版（前川・中山・岡崎，2007）の手引きに基づき，調査者が行なった。

118　第Ⅲ部　具象群と非具象群の認知特性と認知スタイル

11.3　結　果

　23 名の同時処理，継次処理の標準得点の平均値と標準偏差は表 11.1 の通りである。標準得点の平均値に関して，表現タイプ×処理（同時処理，継次処理）の 2 要因の分散分析を行った結果，交互作用が有意であった（$F=15.80$, $df=1/21$, $p<.01$）。そこで水準ごとに単純主効果を分析した結果，同時処理においては具象群と非具象群間に 5％水準で有意差が認められた（$t=2.71$, $f=21$, $p<.05$）が，継時処理においては有意差が認められなかった。また，表現タイプ群内の相対的レベルに関しては，具象群では継次処理の得点が同時処理の得点より 5％水準で有意に高く（$t=2.42$, $df=15$, $p<.05$），非具象群では同時処理の得点が継次処理の得点より 5％水準で有意に高かった（$t=3.33$, $df=6$, $p<.05$）。分析結果を図 11.1 に示す。

　なお，同時処理，継次処理の下位検査の標準得点の平均値と標準偏差は表 11.2 の通りである。下位検査の標準得点の平均値に関する t 検定の結果，同時処理の下位検査「図形の推理（$t=2.44$, $df=21$, $p<.05$）」「関係の理解（$t=2.50$, $df=21$, $p<.05$）」は 5％水準で有意，「図形の記憶」には有意差が認められなかった。継次処理の下位検査「単語の記憶（$t=2.46$, $df=21$, $p<.05$）」「文の記憶（$t=2.31$, $df=21$, $p<.05$）」は 5％水準で有意，「統語の理解」には有意差が認められなかった。

表 11.1　同時処理，継次処理の標準得点の平均値と標準偏差

		同時処理	継次処理
具象群（$N=16$）	平均値	105.25	113.06
	SD	11.95	12.16
非具象群（$N=7$）	平均値	118.86	104.00
	SD	10.65	11.53

第11章 研究7：DN-CASを用いた表現タイプ群の「同時処理」と「継次処理」の検討　119

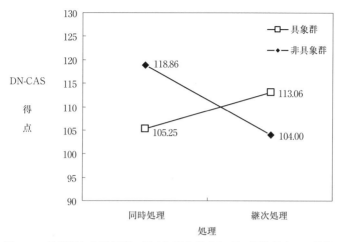

図11.1　具象群と非具象群の同時処理と継次処理の標準得点の平均値

表11.2　同時処理・継次処理の下位項目の標準得点の平均値と標準偏差

		同時処理			継次処理		
		図形の推理	関係の理解	図形の記憶	単語の記憶	文の記憶	統語の理解
具象群	平均値	10.00	10.44	12.12	11.44	12.31	12.75
(N=16)	SD	3.23	2.22	2.13	2.87	2.82	2.18
非具象群	平均値	13.00	12.57	12.86	9.14	10.14	12.57
(N=7)	SD	2.45	1.72	2.04	1.57	1.95	2.82

11.4　考　察

　本研究では，PASS尺度の中から2つの認知処理尺度，同時処理と継次処理に着目した。分析の結果，先ず表現タイプ群間の認知処理の差異に関しては表現タイプ×処理の2要因の分散分析の結果に交互作用が認められたことから，単純主効果を分析した結果，継次処理においては有意差が認められなかったが，同時処理の標準得点に関しては有意差が認められ非具象群が具象群より有意に高く，予測1が検証された。

120 第Ⅲ部 具象群と非具象群の認知特性と認知スタイル

次に表現タイプ群内の相対的レベルに関して，具象群では継次処理が同時処理の得点より有意に高く，非具象群では同時処理の得点が継次処理の得点より有意に高く，予測2が検証された。以上より，非具象群は具象群より同時処理において優位であることが，また非具象群内の相対的レベルに関しては，同時処理が継次処理よりも優位に働くことが示唆された。

さらに，下位項目の分析結果からは，以下のような点が明らかにされた。同時処理の下位項目，「図形の推理」「関係の理解」では非具象群が有意に高く，図形の関係性を解読するための認知能力や空間関係についての「論理-文法関係」を理解する能力が高いことが推測された。一方，継次処理の下位項目，「単語の記憶」「文の記憶」では具象群が有意に高く，具象群は言語の統語構造と発話の連続的統合に関する能力が高いことが推測された。しかし，同時処理の下位項目「図形の記憶」及び継次処理の下位項目「統語の理解」では，具象群と非具象群の平均値にほとんど差が認められず，この2つの項目は，同時処理と継次処理の指標としては，弁別性が低いことが分かった。その原因を探ると，実施場面においていくつかの問題点が認められた。

先ず「統語の理解」に関して，実施上の注意点として「子どもが質問した場合はその文を一度だけ繰り返してよい」とするが，「繰り返し」を要求する子どもは，ほとんど全ての問題に関して繰り返しを要求した。その結果，繰り返しを要求した子どもでは正答率が増えた。一方，繰り返しを全く要求しない子どもも認められ，要求しない場合は正答率が変わらなかった。しかし，繰り返しの有無は評価点には換算されず，実施方法に疑問が残った。

次に「図形の記憶」に関しては，日本版の予備調査で天井効果があったため米国版より複雑な図形を用いている（前川・中山・岡崎，2007）とされるが，本研究では年齢差にかかわらず正答率が高く，参加者の個人差が現れにくかった。一方，制限時間の指定がないことから，解答までの時間に個人差が大きく現れた。しかし解答までの時間は，粗点に反映されず，評価点に換算されなかった。また，訂正の回数なども個人差が大きかったが，粗点に反映

第11章　研究7：DN-CASを用いた表現タイプ群の「同時処理」と「継次処理」の検討　　121

されなかった。以上の点から「図形の記憶」に関しては，測定内容や測定方法などに疑問が残った。また，「図形の記憶」は，記憶による図形の描写であることから，視空間認知力よりも記憶力や集中力が反映されるのではないかと考えられた。

　以上，DN-CASの調査によって，表現タイプ群の認知機能に差異が認められることが示唆され，同時処理と継次処理が表現タイプ群の認知機能の差異を説明する概念として有効であるという一定の結果が得られた。しかし，下位項目では実施上の問題点が指摘され，DN-CASは表現タイプ群の認知機能の差異の測度としては切れ味が悪いことが分かった。今後はDN-CASに変わる新しい測度を用いて検討することが必要であると考えた。

第12章
研究8；EFT を用いた表現タイプ群の 「場依存・場独立」認知スタイルの検討

12.1　問題と目的

　研究7の結果，それぞれの表現タイプ群の同時処理と継次処理に関する差異が示唆された。しかし，下位項目の問題が指摘されたこともあり，DN-CAS の結果は限定的なものであると考えられた。そこで研究8では，より広範な認知特性を説明する概念として「認知スタイル（cognitive style）」に着目した。

　Goldstein & Blackman（1976）によれば，認知スタイルは，刺激と反応との間を媒介する過程を説明するための構成概念である。また Messick（1976）によれば，情報を組織し処理するための一貫したスタイルであり，より複数の領域にまたがり高次のヒューリスティック（heuristic）として，低次レベルの方略や性向（能力を含む）などを統合して，「問題解決」や学習などの複雑で連続的なプロセスを組織する役割を持つ。そこで，本研究では，描画課題場面での刺激と反応の間を媒介する描画者の心的過程を説明する概念として適切であると考えた。また認知スタイルは，人が刺激を取り入れ，刺激を処理する際の方法に関連するものであり，個人の情報処理方略を反映していることから，描画課題場面における刺激図形の処理に関する「個人差」を捉えることができると考えた。

　ところで，認知スタイルの研究に関しては，Witkin とその共同研究者らの「場依存-場独立認知型（field dependent-independent cognitive style）」が最も

第 12 章　研究 8：EFT を用いた表現タイプ群の「場依存・場独立」認知スタイルの検討　　123

歴史が古く引用数も多い（Witkin & Goodenough, 1977, 1981; Witkin, Goodenough, & Karp, 1967; Witkin, Goodenough, & Oltman, 1979; Witkin, Moore, Googenough, & Cox, 1977）。「場依存・場独立」の概念は，「場（全体の文脈 context）」と「部分」に関する知覚能力の個人差に関するもので，Witkin らは，ゲシュタルト法則に従い知覚的体制化を受けやすい傾向を「場依存的（field dependent cognitive style）」，そうでないものを「場独立的（field independent cognitive style）」とした。その測度は，傾けられた枠組みの中に置かれた棒を垂直に定位させる「棒-枠組み検査（Rod-and-Frame Test; RFT）」と，複雑なゲシュタルトの中にはめ込まれている単純図形を発見させる「埋没図形検査（Embedded Figures Test; EFT）」があるが，本研究では，視覚の場に限定する「埋没図形検査（EFT）」を用いることとする。

　Witkin らは，場依存型の人は与えられた文脈をそのまま受け入れ，外界をより全体的にとらえる傾向があり，部分よりも全体として経験を処理するとし，認知機能が全体的（holistic）であるとした。つまり，場依存型の人は対象を「全体」としてとらえる傾向があり，その中の「要素（部分）」に注目することは少ない。そのため埋没図形検査（以下，EFT と記述する）では，特定の図形が全体のパターンの中に埋没してなかなか見つけ出すことができない傾向がある。これに対して場独立型の人は，全体の中に含まれる各部分を別個に知覚し，刺激をその背景から区別して認知する傾向があり，文脈の影響を排除することができ，全体を部分から捉えるとし，認知機能が「分析的」であるとした。つまり，場独立の人は，対象の一部を「場＝全体の文脈（context）」から切り離して知覚する傾向があり，EFT では比較的短時間で，特定の幾何学図形（部分）を複雑なパターン（全体）の中から見つけ出すことができるとした。現在では，「場依存・場独立」の概念は場への「全体的アプローチ対分析的アプローチ（global vs. articulated field approach）」の次元にまで拡張されて解釈されている。

　本研究ではこれまでの検討から，具象群では，描画開始時に既存知識や視

124 第Ⅲ部 具象群と非具象群の認知特性と認知スタイル

覚的経験などの記憶情報と照らし合わせて「点や線を何に見立てるか」という「意味づけ（解釈や評価）」を行い，刺激情報の解釈と評価に関する予期や仮説を生み出す高次のプロセスから始まるトップダウン（top-down）処理を行なっていると推測した。この認知処理は，確定的な全体プラン＝「解」（描画の最終形）を案出し，あとはそれに従って行くという「全体的」「大域的（global）」なプランニングと考えられる。それに対して非具象群では，刺激図形に対する「意味づけ（解釈や評価）」が行なわれず，刺激情報の物理的特徴の低レベルの分析から始まって最終的な「解」（描画の最終形）をめざして上向きに進むボトムアップ（bottom-up）処理が推測された。つまり非具象群では，制作過程の逐次的な段階（on-line）において外界から感覚受容器に続々と入ってくる刺激情報によって順次生成，変更しながらボトムアップ式に完成させていく，「分析的」「局所的（local）」なプランニングを行っていると考えられる。

　以上より，具象群では対象（刺激図形）を全体的なプランニングによって意味づけ，捉えようとする傾向があり，認知機能が全体的で，部分よりも全体として経験を処理する「場依存型」との対応が，一方，非具象群では，対象（刺激図形）の物理的特徴の分析に始まって on-line で変化する情報に反応する局所的なプランニングが行われることから，認知機能が分析的で，全体を部分から捉える「場独立型」との対応が推測される。そこで，研究8では，「場依存−場独立」認知型の測度である図形埋没検査（EFT）を行ない，以下の2つの予測を検証することとした。

予測1：EFT 所要時間（埋没図形を発見するまでの所要時間）に関して；非具象群は具象群より何れの年齢群でも EFT 平均所要時間が短い。

予測2：EFT 誤答課題数に関して；非具象群は具象群より何れの年齢群でも EFT 平均誤答課題数が少ない。

もし具象群が「場依存的」な認知型と対応していれば，具象群は対象を全体としてとらえる傾向があり，その中の要素（部分）に注目することは少ない。そのため，EFTでは特定の図形が全体のパターンの中に埋没してなかなか見つけ出すことができない傾向があることからEFT所要時間が長いと予測される。また，同様の理由から誤答課題数が多い（正答課題数が少ない）と予測される。それに対して，もし非具象群が「場独立的」な認知型と対応していれば，非具象群は対象の一部を「場（全体の文脈）」から切り離して知覚する傾向があり，EFTでは比較的短時間で特定の「幾何学図形（部分）」を複雑な「パターン（全体）」の中から見つけ出すことができることから，EFT所要時間が短いと予測される。また，同様の理由から誤答課題数は少ない（正答課題数が多い）と予測される。さらに，認知スタイルは状況が変わっても一貫して同じ傾向を示すと考えられることから，2つの表現タイプ群の平均所要時間と誤答課題数に関して，いずれの年齢群でも相対的な傾向は変化しないと予測される。

なお，研究8では非具象群の認知特性に着目し，平均正答課題数ではなく平均誤答課題数を分析の対象とした。

12.2 方　法

（1）参加者
研究8の参加者は，筆者らの造形教室に在籍する10歳〜13歳までの児童・生徒69名である。内訳は，10歳（20名）11歳（18名）12歳（22名）13歳（9名）で，男（37名）女（32名）である。

（2）調査期間および調査場所
2012年3月〜8月まで，筆者らの主催する造形教室で実施した。

126 第Ⅲ部 具象群と非具象群の認知特性と認知スタイル

（3）埋没図形検査 (Embedded Figures Test; EFT)

EFT は複雑なゲシュタルトの中にはめ込まれている単純図形を発見させる課題で，発見に必要な時間あるいは一定時間内に発見された単純図形の数が得点となる。単純図形を複雑図形の中に発見するという点で DN-CAS の下位検査「図形の記憶」に類似しているが，「図形の記憶」では平面的あるいは空間的幾何学図形を 5 秒間提示し，その後はじめに見せた図形を含んだ複雑な幾何学図形が描かれた解答用紙が提示され，記憶に保持された図形を正確に描くことが要求される。

しかし，単純図形を記憶に保持することは EFT の本質的な要因ではないと考え，研究 8 では，記憶にかかる負荷をなくすために Thurstone 版に倣い単純図形と複雑図形を同一のカードに表記し，左側にある単純な図形を，右側の複雑な図形の中から見つけ出す作業に要した時間を計測した。なお，研究 8 で使用した EFT の図版は，Witkin ら (1971) の図版と，Thurstone 版 EFT (1946) に関して加藤 (1970) が試作し，信頼性を検討した EFT 図版に基づいて，12 枚の図版で構成した（資料 1 参照）。

（4）手続き

検査は個別場面で行い，実施場面での空描の有無，訂正の回数，描画スピード，解答までの所要時間等を記録し測定した。図版の提示順は，被験者が解答する際のスムーズな進行を考え，後になるほど難しくなるように提示した。なお順番は，事前に予備調査を行い，その結果を参考にして決定した。予備調査では，最小閉鎖図形の個数 (加藤，1970) を参照し，簡単であることが予測される順に順番を付けて 3 人の大学生に個別に実施し，反応時間を計測した。

施行法は時間制限法を用い，60 秒以内に正答した数を記録し，誤答あるいは制限時間内に図形を見つけられない場合は 61 秒と記録することとした。訂正は 1 回までは有効としたが 2 回を超える場合は誤答とし，61 秒と記録

第12章 研究8：EFTを用いた表現タイプ群の「場依存・場独立」認知スタイルの検討 127

した。なお，描画終了後の訂正は認めず，誤答とし61秒と記録した。

（5）教 示

はじめに，練習問題のカードを提示し「左の簡単な形が右の図の中に隠れています。できるだけ早く見つけて，見つけたら赤鉛筆でなぞって下さい。左の図と同じになるように全部なぞって下さい。終わったら"終わりました"と言って知らせて下さい。できるだけ描き間違いのないようにしますが，描き間違った場合は斜線で訂正して下さい。途中でも"止め"と言ったら鉛筆を置いて下さい。終了後の訂正は認めません。」と教示し，練習問題を行って訂正方法を示した。その後，一枚目から順番にカードを渡し，検査を開始した（資料1参照）。

（6）分 析

先行研究（糸井，1990）を参照すると，Witkin版（1971）のEFT，成人集団用のGEFT，児童のGEFTにおいて成績の得点化が異なっている。成人用では単純図形を発見するまでの時間で，成人集団用では制限時間内の正答課題数で，児童用では反応時間は考慮されず正答課題数である。また時間制限法（60秒，180秒）による場合と，作業制限法による場合では成績の得点化が異なっている。そこで本研究では，60秒の時間制限法を用い，平均所要時間と平均誤答課題数の両面から検討することとした。なお表現タイプ群は研究3と同様に，具象性評定得点の平均評定値が18〜30までを具象群，0〜17.9までを非具象群とした。年齢群は10歳11歳群と12歳13歳群の2群に分け年齢群間の差異を検討した。

12.3 結　果

(1) EFT 平均所要時間の分析

EFT 平均所要時間に関して，表現タイプ群ごとの平均値と標準偏差は表 12.1 の通りである。表現タイプ群×年齢群の2要因の分散分析を行ったところ，表現タイプの主効果（$F=8.91$, $df=1/65$, $p<.01$）が認められたが，年齢の主効果，表現タイプ群×年齢群の交互作用は認められなかった。分析結果を図 12.1 に示す。

表 12.1　EFT 平均所要時間の平均値と標準偏差

（　）内は SD

	非具象群	N	具象群	N	年齢群　総和
10歳11歳群（$N=38$）	24.72（3.17）	6	30.35（9.61）	32	29.46（9.12）
12歳13歳群（$N=31$）	18.70（3.41）	7	28.11（7.60）	24	25.99（7.91）
表現タイプ群　総和	21.48（4.44）	13	29.39（8.80）	56	27.90（8.71）

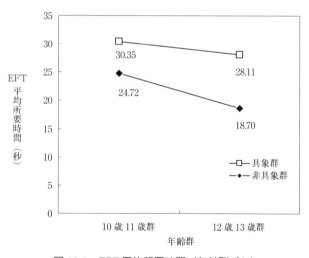

図 12.1　EFT 平均所要時間（年齢群ごと）

（2）EFT 平均誤答課題数の分析

EFT 平均誤答課題数に関して，表現タイプ群ごとの平均値と標準偏差は表12.2 の通りである。表現タイプ群×年齢群の 2 要因の分散分析を行ったところ，表現タイプの主効果（$F=8.60$, $df=1/65$, $p<.01$）が認められたが，年齢の主効果，表現タイプ群×年齢群の交互作用は認められなかった。分析結果を図 12.2 に示す。

表 12.2　EFT 平均誤答課題数の平均値と標準偏差

（　）内は SD

	非具象群	N	具象群	N	年齢群　総和
10 歳 11 歳群（$N=38$）	1.17（0.75）	6	3.28（2.37）	32	2.95（2.32）
12 歳 13 歳群（$N=31$）	1.14（1.07）	7	2.50（1.53）	24	2.19（1.54）
表現タイプ群　総和	1.15（0.90）	13	2.95（2.08）	56	2.61（2.03）

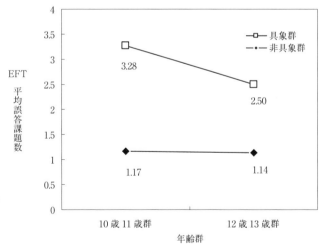

図 12.2　EFT 平均誤答課題数（年齢群ごと）

130 第Ⅲ部 具象群と非具象群の認知特性と認知スタイル

12.4 考 察

　研究8では，認知処理の過程・様式の質的差異を説明する「認知スタイ
ル」が，表現タイプ群の認知処理過程の差異と何らかの関係があるのではな
いかという考えのもとに，「場依存-場独立」認知型の測度である「図形埋没
検査（EFT）」を行なった。その結果，平均所要時間に関して，表現タイプ
群と年齢群の2要因の分散分析から表現タイプ群に主効果が認められ，何れ
の年齢群でも非具象群のほうが具象群よりも EFT 所要時間が短く，予測1
が検証された。さらに平均誤答課題数に関しても，分散分析を行った結果，
表現タイプ群に主効果が認められ，何れの年齢群でも非具象群のほうが具象
群よりも EFT 誤答課題数が少なく，予測2が検証された。
　以上より，非具象群は「場独立的」な認知型との対応が，具象群は「場依
存的」な認知型との対応が示唆された。さらに，表現タイプ群の年齢群間の
差異に関しては，平均所要時間に有意差が認められず，誤答課題数に関して
も差異は認められなかった。Witkin, Goodfnough, & Karp（1967）は発達的
変化に関して，知覚領域に現れる分化（differentiation）レベルは年齢が増す
につれて高くなるが，各年齢集団における個人の分化レベルの相対的な位置
はかなり安定していると述べている。本研究の分析結果においても，相対的
な傾向は変化せず，表現タイプ群の認知的な傾向は一貫していると考えられ
た。
　ところで，刺激図形の処理に関する個人差を「場依存-場独立」認知スタ
イルの差異として捉え直すと以下のような考察が可能であろう。Witkin &
Goodenough（1981）によれば，「場依存-場独立」認知スタイルは，知覚の
場におけるゲシュタルト法則の受けやすさの個人差を表すものであるとされ
る。私たちは，対称（symmetry），滑らかな「よい」連続（smooth or "good"
continuation），閉合（closure），近接（proximity），類似（similarity），完結化

第12章　研究8：EFTを用いた表現タイプ群の「場依存・場独立」認知スタイルの検討　131

(common fate) などのゲシュタルト法則 (Gestalt Laws) によって，不完全な刺激を完全なものとして見ることに困難を感じない（野口，1981）。

　「場依存型」との対応が認められる具象群では，刺激図形を知覚するとゲシュタルト法則に従い，記憶系の情報との照合により見識った形態に対応するように刺激図形を補填し，変容させ，具体的な「形」を描いていくと考えられる。たとえば描画課題場面では，具象群の子どもたちは「点」や「線」という不完全な「刺激図形（部分）」を知覚すると，人間の顔という「具体的な事物（全体）」の一部として認識し（意味づけ），刺激図形を補填し，変容させ，「人間の顔（全体）」に近づけていく。研究4の描画内容分析（共通反応の出現に関する検討）によれば，具象群の描画では，「点」は「目玉」に見立てる反応が最も多く (53.00%)，横線は「口」に見立てる反応が多い (21.00%)。いずれも点や線は，顔の属性 (attribute) として機能している。しかし，EFT課題を検討すると，EFTではすべての図形が幾何学図形であることから，記憶系に蓄積された具体的なイメージと結びにくく，過去の視覚体験や概念的な知識が参照されにくいと考えられる。また幾何学図形は，言語化して記憶に保持することが難しい。具象群のプランニング特性は，刺激図形を既有知識と結びつけて体制化する（再構成化する）ことであり，刺激図形を言語化できるか否かは，EFT課題の結果に影響を与えるのではないかと考えられる。

　一方，「場独立型」との対応が認められる非具象群では，ゲシュタルト法則を受けにくく，「点」と「線」（刺激図形）を知覚すると，記憶心像との照合を経ずに直接的に描画が開始される。非具象群の子どもたちは，刺激図形を具体的形態の一部として捉えず刺激図形の物理的な形や大きさに反応する。彼らは即時的な情報，対象の知覚可能な属性（形や配置等）に興味を示し，対象間の大きさや形にもとづいた関係を模索しながらボトムアップ的に描画を進めてゆく。つまり非具象群では分析的・局所的な視覚処理（ボトムアップ処理）が全体的・大域的な処理（トップダウン処理）よりも優位に働き，

132　第Ⅲ部　具象群と非具象群の認知特性と認知スタイル

図形の分析的操作効率を高め，EFT では特定の幾何学図形（部分）を複雑な
パターン（全体）の中から見つけ出すことを容易にしているのではないかと
考えられる。

　以上，「場依存・場独立」認知スタイルを個人差の情報処理の指標として
取り上げ，表現タイプ群の認知処理過程の差異を考察した。Witkin ら
(1977) は，「場依存-場独立」認知型，「全体的-分析的」認知型の特徴は，
認知活動の内容（content）よりも認知過程の様式に着目した統合的な概念で
あり，安定性が高く，伝統的で結果に着目する一極的な「知能」あるいは諸
「能力」概念とは異なり，二極的でいずれの極も特定の状況下では有効であ
りえるとする。このことは，具象群と非具象群の子ども達がともに適応的な
価値をもつことを示唆するであろう。いま，「場依存・場独立」の概念は日
本に紹介されてから半世紀を過ぎ，その間多くの実証的な研究がなされ，と
くに実際的な教育場面への適用に関する研究が多く認められる（富永・下地，
2002；中村，2003；Kitayama, Duffy, Kawamura, & Larsen, 2003；太田・小野，
2003；石井・北山，2004；三崎，2006）。しかし一方で，「場依存-場独立」認知
型に関する研究は，Witkin らの解釈および主張にそのまま追随するもので
あり，相関的事実や追試的研究を蓄積してきたという印象は否めないという
指摘もある（加藤・加藤，1983）。また，その測度（EFT）が実際には何を
測っているのか，という疑問も提示されている。「場依存-場独立」認知型の
概念が，「知能」や「性格」や「動機付け」等の諸概念にかわる個人差の媒
介過程として認められるためには，概念のより厳密な実証的検討が必要であ
ると考える。

第 13 章
研究 9；「場依存・場独立」と「大域処理・局所処理」の関連性に関する検討

13.1　問題と目的

　表現タイプ群の認知スタイルを特定するために，研究 8 では Witkin らの「場依存-場独立」認知型に着目し，知覚的判断の個人差を検討する「埋没図形検査（Embedded Figures Test）」を行った。その結果，具象群は「場依存的」「全体的」認知型との対応が，非具象群は「場独立的」「分析的」認知型との対応が認められ，2 つの表現タイプ群は，ゲシュタルト法則（Gestalt Laws）に従い知覚的体制化を受けやすい傾向に差異があることが示唆された。

　ところで，知覚の場におけるゲシュタルト法則に関連する研究としては，Navon（1977）の大域優先性に関する研究がある。Navon は大域情報と局所情報の条件を統制する課題（Navon 課題）を行い，大域処理の優先性が現れることの前提には，知覚の体制化におけるゲシュタルト法則があることを報告している。一方，Poirel ら（2008）はこの Navon の報告に着目し，「場依存-場独立」と「大域処理-局所処理」の関係と個人差の研究において，場依存性と大域優先性の間の関係を「ゲシュタルト法則の受け易さの個人差」によって説明し，場依存的傾向の人は大域優先性が高いことを報告している。

　Poirel らの実験では，場依存性の個人差を標準的な「集団埋没図形テスト（Group Embedded Figures Test；GEFT）」によって，大域処理優先性の個人差を「大域・局所同異判断課題」（"same/different" global-local categorization task）によって測定している。具体的には，GEFT では制限時間内に単純図形を複雑図形の中に見つけることができた個数（最大 18 個）を個人ごとに求め，複雑図形の中から単純図形を探すことが容易に遂行できない人は，周囲の視覚情報にひきつけられるためであり，場依存的であると考えた。一方，大域優先性については，「局所情報異判断；local difference 課題（大域情報が同じで局所情報が異なる図形対の判断）」と「大域情報異判断；global difference 課題（局所情報は同じで大域情報が異なる図形対の判断）」の反応時間差の平均を個人ごとに求め，この差がプラス方向に大きいということは，大域情報が異なる場合のほうが，局所情報が異なる場合よりも速く判断できることを意味し，大域優先性があることを示すと考えた。

　実験の結果，調査対象者の GEFT の得点と，「局所情報異判断」と「大域情報異判断」の反応時間差とが求められ，両成績の間には-.61 の相関があることが分かった。このことは，GEFT 得点が低い「場依存傾向」の人は「大域優先性」が高いということを意味し，「場依存性」と「大域優先性」の関係が明らかになった。

　一方，新妻は先の研究（2012）において，Treffinger（1995）の創造的問題解決過程の構成モデルを参照し，制作プランに要する合計時間の総制作時間に占める割合（α）が大きければ大域的なプランニング特性を，小さければ局所的なプランニング特性を示すとし，初発時間と描画時間の分析から，具象群は非具群より（α）が大きく（$\alpha=.20$），刺激図形に対してトップダウンの「大域的処理」を，非具象群は具象群より（α）が小さく（$\alpha=.03$），ボトムアップの「局所的な処理」を行なっていると推測した。

　また，研究 8 の結果から，EFT 平均所要時間に表現タイプの主効果が認められ，埋没図形を発見するまでの所要時間に関して，非具象群は具象群より何れの年齢群でも短く，また誤答課題数に関しても少ないことが分かった。このことから，非具象群では具象群より，分析的・局所的な視覚処理（ボトムアップ処理）が全体的・大域的な処理（トップダウン処理）よりも優位

に働き，特定の幾何学図形（部分）を複雑なパターン（全体）の中から見つけ出す図形の分析的操作効率が高いと推測された。

　そこで研究9では，Poirel らの実験に倣って「大域・局所同異判断課題」を行い，「場依存・場独立性」と「大域・局所処理」との関連性を検討することとした。なお Poirel らは，主に具象群の認知特性である「場依存性」と「大域優先性」の間の関係に着目し，場依存的傾向の人は大域優先性が高いことを報告しているが，本研究では，非具象群の認知特性に着目し，以下の予測を検証し，場独立的傾向と局所処理との関連性を確かめることとする。

　　予測：非具象群は具象群より「local difference 課題」の正答数が多く，局
　　　　　所情報処理得点が高い。

13.2　方　法

（1）参加者
　研究9の参加者は，筆者らの造形教室に在籍する 11 歳〜14 歳の児童・生徒，具象群 39 名（女 23 名，男 16 名），非具象群 10 名（女 2 名，男 8 名）である。いずれの参加者も，裸眼または矯正で正常な視力（1.0 以上）を有していることを確認する。

（2）調査期間および調査場所
2013 年 10 月〜2014 年 1 月まで，筆者等の主催する造形教室で実施した。

（3）大域・局所同異判断課題（"same/different" global-local categorization task）
Poirel ら（2008）の「大域・局所同意判断課題」で用いられた「複合刺激

136　第Ⅲ部　具象群と非具象群の認知特性と認知スタイル

(compound stimuli)」と同様の複合刺激を作成する。複合刺激は同一の小さな40 個の「local 形」で構成される「global 形」をペアで表示する。

"same" ペアは，global レベルと local レベルの両者が同一の線画で構成される。"different" ペアは，global レベルの線画が異なる "global difference" ペアと local レベルの線画が異なる "local difference" ペアの 2 種類で構成される。

20 個の "same" ペアと 20 個の "different" ペア（10 個の "global difference" ペアと 10 個の "local difference" ペア）を作成し，「大域・局所同異判断課題」とする（資料 2 参照）。

（4）手続き

「複合刺激」は 1024×768 pixels で作成し，15 インチのパソコン画面上に表示する。参加者とパソコン画面との距離は 60 cm とする。刺激サイズは，「global 形」はおおよそ，高さ（視角 11.4°）幅（視角 8.5°）内に収まるものとし，「local 形」は，高さ（視角 1.26°）幅（視角 .92°）内に収まるように作成する。

20 施行の "same" ペアと，20 施行の "different" ペアの計 40 施行を行う。20 施行の "different" ペアの半分（10 施行）は global レベルで異なる線画で構成され，残りの半分（10 施行）は local レベルで異なる線画で構成される。複合刺激の提示順はランダムに行うように設定し，2 秒間隔で「複合刺激−マスク刺激−複合刺激」と提示し，参加者に "同じ" または "違う" の回答を求める。なお，複合刺激の提示時間を 2 秒に設定したのは，提示時間を限定せずできるだけ速く答えることを要求した予備調査の結果，39 名の描画者の平均回答時間が 1 秒 81 であったことから 2 秒間隔とした。調査者は複合刺激ごとに "同じ" または "違う" の回答を記録した。

第13章　研究9:「場依存・場独立」と「大域処理・局所処理」の関連性に関する検討　137

（5）教　示

はじめに3試行の練習問題を実施し，2秒間隔で画面が変わることを確認する。次に，「右の図形と左の図形が同じ場合は"同じ"，違う場合は"違う"と答えてください。」と教示し，開始した（資料2参照）。

（6）分　析

globalレベルで異なる"different"ペア（大域情報が同じで局所情報が異なるペア："global difference"ペア），localレベルで異なる"different"ペア（局所情報は同じで大域情報が異なるペア："local difference"ペア）の正答課題数を記録する。なお，"same"ペア（大域情報と局所情報の両者が同じペア）に関しては，大域処理，局所処理の影響を受けないものと考え分析には含まないものとする。

Poirelらの実験では，大域優先性については，「局所情報異判断（local difference）」と「大域情報異判断（global difference）」の反応時間差の平均を個人ごとに求め，この差がプラス方向に大きいということは，大域情報が異なる場合のほうが，局所情報が異なる場合よりも速く判断できることを意味し，大域優先性があることを示すと考えた。本研究では，中・高校生（15歳〜18歳，10人に実施）の予備調査の結果，表現タイプ群間の"global difference"ペアの正答課題数の差に有意差が認められなかったことから，"local difference"ペアの正答課題数を局所情報処理得点として記録し，群間の比較から局所情報処理の優先性を確かめることとした。

138　第Ⅲ部　具象群と非具象群の認知特性と認知スタイル

13.3　結　果

「大域・局所同異判断課題（"same/different" global-local categorization task）」
における "local difference" ペアの正答課題数（＝局所情報処理得点）の平均
値と標準偏差は表13.1の通りである。局所情報処理得点の平均値に関する
具象群と非具象群の t 検定の結果，$t=3.92$，$d=46$，$p<.01$ であり，具象群
と非具象群間では 1% 水準で有意差が認められた。

表13.1　局所情報処理得点の平均値と標準偏差（表現タイプ群別）

（$N=48$）

		局所情報処理得点
具象群（$N=38$）	平均値	4.89
	SD	3.75
非具象群（$N=10$）	平均値	9.60
	SD	0.70

13.4　考　察

分析結果より，局所情報処理得点の平均値に関して具象群と非具象群間で
は 1% 水準で有意差が認められ，非具象群の局所情報処理得点のほうが具象
群より有意に高く，予測は検証された。

このことは，非具象群では具象群より，分析的・局所的な視覚処理が全体
的・大域的な処理よりも優位に働き，図形の分析的操作効率が高いという研
究8の結果と合致し，非具象群では局所的な視覚処理が大域的な視覚処理よ
り優位に働いていることが明らかになった。さらに研究9ではPoirelらの
実験に倣って実験調査を行うことで，場依存・場独立性と大域・局所処理の
関連性を検討するとともに，表現タイプ群の認知特性がゲシュタルト法則の

第13章　研究9：「場依存・場独立」と「大域処理・局所処理」の関連性に関する検討　139

受け易さの個人差によって説明されることを確かめることができた。

　ところで，Navon（1977）の報告によれば，大域処理は局所処理よりも立ち上がりが速く，早く処理がすんでしまい，局所情報の処理に干渉する（局所対大域干渉）。また，大域処理は局所処理よりも優勢であり，局所対大域干渉はその逆よりも多く認められる（大域優先性）。そこでこの頑健な大域優先性は，描画課題場面における刺激図形の処理に関しても同様の傾向が働き，具象群の出現に何らかの影響を与えているのではないかと考えられる。

　通常，私たちは「場：全体の文脈（context）」の中に入力情報を位置づけ，統合しようとする傾向がある。例えば，刺激図形を入力すると，具象タイプの描画では，描画開始時にまず全体のイメージが想定され，入力情報を補填し，解釈する。その際，トップダウンの処理は私たちに近道を提供してくれる。また知覚体制化の法則（ゲシュタルト法則）も私たちが，瞬時に全体の文脈（context）を理解するのを助けるであろう。一方，例えば非具象群では，情報を断片のまま処理し，ボトムアップ的に全体を描いてゆこうとする。この場合，もし統合一貫性（central coherence; Frith, 1989）が弱いと，臨床的な問題と捉えられかねない危険性もあるであろう。発達の普遍的な流れの中で個人差の問題を検討することは，少数派の特異性や臨床化という微妙な問題がすぐそばにあるということにも目配せしておく必要があると考える。

　以上，研究9では，表現タイプ群の認知特性に関して，具象・非具象群間の差異は「場依存的（全体的）-場独立的（分析的）」「大域的-局所的」次元上で捉えられる認知特性と関連することが示唆された。また，これによって「場依存・場独立」認知スタイルが知覚的場を構造化するときの個人差を説明する概念，すなわち媒介過程（メカニズム）として有効であると考えられた。

第Ⅳ部
展望と課題

第14章
研究のまとめと総合的考察

14.1 第Ⅱ部（研究1・2・3・4・5）から明らかになった事柄

　第Ⅱ部では，描画制作過程の分析を行い，刺激図形の処理に関する個人差，具象群と非具象群の描画行動特性，とくに初発時間とプランニング特性および描画時間と描画行動特性の関連性が明らかにされた。

（1）具象群と非具象群の群分けと出現数（率）

　研究1では，描画制作過程における個人差を抽出し計量的に検討するために，「点」と「線」を刺激図形とする「描画課題」を作成し，成人を対象とし探索的調査を行い，その妥当性を検討した。その結果，刺激図形（点と線）の扱い（処理）に個人差が認められ，点と線が主題（What）に従属する具象的（figurative）な表現と，点と線が主題から自律して独自の表現機能をもつ非具象的（non-figurative）な表現が認められた。

　研究2では，妥当性が確かめられた「描画課題」を6歳から11歳の子どもたちに個別場面で実施し，具象性評定尺度（0～5）を用いて描画作品を6段階評定した。その結果，評定値が高い具象的（figurative）な表現と評定値が低い（0～1）非具象的（non-figurative）な表現が認められ，具象性度と初発時間（プランニング時間），描画時間との相関が示唆された。

　次に研究3では，研究1と研究2の検討を踏まえ，具象性評定尺度得点（平均評定値）が18～30までを「具象群」，0～17.9までを「非具象群」とする「群分け」を行い，さらに発達的検討のために6～7歳群，8～9歳群，

144 第IV部 展望と課題

10～11歳群に分けた。また補足的に，造形教室での経験（学習効果）の影響を検討するために，新入後の経験年数が12ヶ月以下と13ヶ月以上の2群に分け，さらに性差の影響を検討するために，男子群と女子群に分けた。

以上の「群分け」をもとに，具象群と非具象群の出現数（率）を比較した結果，具象群と非具象群の出現数（率）は年齢や経験年数による偏りが見られず安定していることが分かった。一方，性別に関する分析の結果からは，男女差が認められ，視空間機能に優れているとされる男子の非具象群の出現数（率）が，女子の非具象群の出現数（率）に比べて多いことが分かった。このことから表現タイプ群の出現は，年齢や経験ではそれほど大きく変わらない認知的な傾向と関連があるのではないかと推測された。

（2）具象群と非具象群の描画特性と発達的変化

さらに研究3では，具象群と非具象群の描画特性を，主に「初発時間」と「描画時間」の反応時間の分析によって抽出した。具体的には，初発時間（描画開始前の描画内容の構想や制作方略の組み立てなどに要する時間）の分析からはプランニング特性を，描画時間（実際の描画に要する時間）の分析からは描画行動特性を抽出した。その結果，初発時間（プランニング時間）は具象群の方が非具象群より長く，描画時間は非具象群の方が具象群より長いことが分かった。

さらに発達的変化に関しては，具象群では刺激図形を具体的な事物の属性（一部）として意味づけることから，年齢が高くなると記憶系の情報量（記憶容量）が増加し，参照量が増えることでプランニング過程での刺激図形の「解釈」や「評価」に影響を与えるのではないかと考えた。しかし，初発時間（プランニング時間）の年齢に伴う変化は，はっきりと示されなかった。その要因の一つには，全ての年齢群で20％以上の出現率を示す「共通反応（popular response）」の影響があると考えられた。また描画時間に関しても，具象群では年齢群間に変化は認められなかった。具象群ではプランニングに

時間をかけるが,「何を描くか」が決まればトップダウン的に一気に再現（representation）するために,描画スピードは速い。また「共通反応」は,多くの場合「主題」を一個描くことで終了するため,描画時間が短い。その表現は画一的（simple）,一意的であった。

　一方,非具象群の描画時間は年齢によって変化していくことが分かった。非具象群では,on-line の視覚的情報にボトムアップ的に反応しつつ,ゆっくりと描画を進めるため,描画時間は長くなる。また曖昧で多義的で複雑な（complex）表現が多く,年齢が上がるとともに視覚的な可能性を探求し,点や線,形と形の関係を模索し,造形的な構成に関心を示す描画者も認められた。具象群の表現が,「共通反応」に代表されるように,自己の知識や視覚的体験の内に留まる傾向があると考えられるのに対して,非具象群の表現は,自己の視覚体験を超えた新しい視覚対象に向かう探索的な描画行為が持続されるため,描画時間が長くなるのではないかと考えられた。

　なお,補足的解析として研究4では,年齢群ごとの「共通反応」の出現率を検討した。その結果,「共通反応」は6歳から11歳の子どもたちのすべての年齢群で認められ（探索的な研究1では成人にも認められ）,年齢にかかわらず出現する普遍的な反応と考えられた。さらに,研究5では描画特性の一貫性を検討した。その結果,具象群と非具象群の出現に関して一貫性が認められ,具象群と非具象群が示すプランニング特性や描画行動特性が恒常的なものであることが示唆された。

　以上,第Ⅱ部からは,具象群と非具象群の描画特性が明らかにされた。表14.1はその結果をまとめたものである。

146　第Ⅳ部　展望と課題

表 14.1　具象群と非具象群の描画特性

特性		具象群		非具象群
描画作品の特性	描画作品の質 ：	popular（共通反応）	⟷	unique（稀有反応）
	描画作品の構成 ：	simple	⟷	complex
	描画作品の情報量 ：	少ない	⟷	多い
プランニング特性	刺激図形の処理 ：	具体的（figurative）	⟷	抽象的（non-figurative）
	処理のベクトル ：	top-down	⟷	bottom-up
	プランニングの型 ：	概念駆動型	⟷	データ駆動型
	プランニングの特徴 ：	大域的（global）	⟷	局所的（local）
描画行動の特性	初発（プランニング）時間 ：	長い	⟷	短い
	描画時間 ：	短い	⟷	長い
	描画スピード ：	はやい	⟷	おそい
	言語的言及の度合い ：	多い	⟷	少ない

14.2　第Ⅲ部（研究6・7・8・9）から明らかになった事柄

　表現タイプ群の出現に一貫性が認められ，具象群と非具象群が示すプランニング特性や描画行動特性が恒常的なものであることが示唆されたことから，第Ⅲ部では，具象群と非具象群の描画特性の差異が，どのような認知特性や認知スタイルと関連するのかを探ることに焦点を当てた。その結果，描画特性を規定する要因には，知覚の場を構造化するときの個人差が関わっていることが示唆された。

（1）WISC-Ⅲ，DN-CAS による検討

　研究6では WISC-Ⅲ による探索的調査を行った。その結果，WISC-Ⅲ では，「言語性知能指数（VIQ）」と「動作性知能指数（PIQ）」に関して具象群と非具象群間に差異が認められず，認知的差異を特定できなかった。次に研究7では，DN-CAS による「同時処理（Simultaneous Cognitive Processes）」と「継次処理（Successive Cognitive Processes）」の検討を行なった。その結果，

第 14 章　研究のまとめと総合的考察　　147

具象・非具象群間に差異が認められ，「同時処理」と「継次処理」がそれぞ
れの群の認知機能の差異を説明する概念として有効であるという，一定の結
果が得られた。しかし，下位項目では実施上の問題点も指摘され，DN-
CAS は具象群と非具象群の認知機能の差異の測度としては切れ味が悪いこ
とが分かった。

（2）EFT による「場依存・場独立」認知スタイルの検討

　研究 6，7 の問題を解決するために，研究 8 では，心的活動の広範囲にわ
たる次元の，認知スタイル（cognitive style）に着目した。認知スタイルは，
刺激と反応の間を媒介する認知過程・様式の質的差異を説明する構成概念で
あり，高次の heuristic として，低次レベルの方略や性向（能力を含む）など
を統合して「問題解決」や学習などの複雑で連続的なプロセスを組織する役
割を持つと考えられることから，DN-CAS によって限定的に捉えられた認
知機能を包含するものと考えた。また，認知スタイルは，人が刺激を取り入
れ処理する際の方法に関連するものであり，情報処理的アプローチを採る本
研究の考えと整合すると考えた。さらに，一極的な「能力」とは異なり，価
値的に分化しそれぞれの極が適応的な価値をもつ「スタイル」である点に教
育的意味を見出した。

　認知スタイルに関しては，最も歴史が古く現在までの引用数も多い「場依
存・場独立」認知スタイル（field dependent-independent cognitive style）に着目
し，埋没図形検査（Embedded Figures Test: EFT）によって，EFT 所要時間と
EFT 誤答課題数に関する分析を行ない，知覚的な個人差を検討した。

　その結果，非具象群は，埋没図形を見つけるのに要した時間が具象群より
短く，また誤答課題数が少ないことが分かった。また，表現タイプ群の年齢
群間の差異に関しては，平均所要時間・誤答課題数の何れに関しても有意差
が認められず，認知的な傾向は一貫していることが示唆された。これは，知
覚領域に現れる分化（differentiation）レベルは，年齢が増すにつれて高くな

148　第IV部　展望と課題

るが，各年齢集団における個人の分化レベルの相対的な位置は，かなり安定
していると述べる Witkin ら（1967）の結果と合致した。

　以上より，具象群は「場依存的認知スタイル（field dependent cognitive
style)」との対応が，非具象群は「場独立的認知スタイル（field independent
cognitive style)」との対応が認められ，2つの表現タイプ群は，ゲシュタルト
法則（Gestalt Laws）に従い，知覚的体制化を受けやすい傾向に差があり，具
象群は認知機能が「全体的（holistic)」であり，非具象群は認知機能が「分
析的」であることが示唆された。

（3）「場依存・場独立」と「大域・局所処理」の関連性に関する検討

　しかし一方で，場依存・場独立の概念の妥当性が問われている（加藤・加
藤，1983）ことから，概念のより厳密な実証的検討が必要であると考え，研
究9では，Poirel ら（2008）の場依存性と大域処理優先性の関連に関する研
究に着目し，「大域・局所同異判断課題（"same/different" global-local categori-
zation task)」を行なった。その結果，非具象群は具象群より局所情報処理得
点が高く，分析的・局所的な処理が優位に働くことが推測された。さらに，
場依存性・場独立性と大域処理・局所処理の関連性が示唆され，表現タイプ
の認知特性がともにゲシュタルト法則の受け易さの個人差によって説明され
ることが明らかとなった。

　以上，研究8，研究9を通して「場依存・場独立」認知スタイルは，知覚
的場を構造化するときの個人差を説明する概念，すなわち媒介過程（メカニ
ズム）として有効であり，具象群と非具象群の認知特性が「場依存的-場独
立的」次元，「全体的-分析的」次元，「大域的-局所的」次元によって捉えら
れることが示唆された。

　表14.2は，第III部の結果から推測される認知特性をまとめたものである。

第 14 章　研究のまとめと総合的考察　　149

表 14.2　具象群と非具象群の認知特性

測度	具象群		非具象群
WISC-Ⅲ	—	← →	—
DN-CAS	継次処理＞同時処理	← →	同時処理＞継次処理
EFT	場依存的	← →	場独立的
（EFT）	（全体的）	← →	（分析的）
大域・局所同異判断課題	大域処理	← →	局所処理

14.3　総合的考察

　本研究では，児童の描画特性における差異を明らかにし，描画特性を規定する要因を探るとともに描画制作過程における描き手の認知過程「モデル」を提示することを課題として掲げ，研究を進めてきた（第Ⅱ部；研究 1～研究 5，第Ⅲ部；研究 6～研究 9）。以下では，描画者の認知過程について総合的に考察する。

（1）刺激図形の処理に関する個人差—具象群と非具象群の情報処理—

　認知過程には 2 つの側面がある。情報処理（information-processing）の制御の流れの視点から捉えると，一つは，刺激情報の低レベルの分析（たとえば物理的特徴の分析）から始まって，最終的な解釈の構築をめざして上向きに進むボトムアップ過程（bottom-up process）である。この過程は，処理の中心となるものが当該の刺激情報であるという意味で，データ駆動型過程（data driven process）とも呼ばれる。もう一つは，過去の経験から得られた既存知識や概念など記憶系に貯蔵されている情報に基づいて刺激情報の意味が決定されたり，刺激情報の欠如部分が補填されたりする側面で，意識的コントロールが必要な過程である。これは認知機構の上位のレベルから下位のレベルへの情報のフィードバックという意味で，トップダウン過程（top-down process），あるいは，概念駆動型過程（conceptually driven process）と呼ばれ

150　第Ⅳ部　展望と課題

る。この過程は主として文脈情報（context）によって始動される。

　一般に，記憶や知覚，言語理解など多くの認知活動には，データ駆動型処理（data-driven processing）と概念駆動型処理（conceptually driven processing）の双方が含まれ，同時に相互作用しながら進んでいくと考えられている。たとえば，Neisser（1967）の「統合による分析モデル（analysis-by-synthesis model）」では，2つの処理が相互作用しながら働くのをうまく組み入れている。ここでは，刺激情報の「質」や文脈情報の入手しやすさによって，それぞれの処理がどれくらい分担しあうかを柔軟に決められるようになっている。文脈情報が入手しやすく利用できるときは，欠けている情報や曖昧な情報も「解釈」され，トップダウン処理が近道を提供してくれる。しかし，直接的に文脈を指示するものが認められない場合は，描画者は，外界について描画者が持っている知識（記憶系に貯蔵されている情報）に基づき，対象についての「心的な仮説」を形成し，その仮説から予想されるような特徴が刺激に含まれていないかを分析する。そしてそのような特徴が検出されれば，仮説は検証され，認知内容が確定する。この作業は，中央実行システム（Baddeley, 1986）とよばれる作業記憶（working memory）のシステムによって遂行される。作業記憶は，認知課題を実行しているときに処理される一次的な貯蔵に関与するシステムで，課題についての「活動状態（state of play）」を絶えず更新しつつ貯蔵し，いつでも利用できるように保つ（Eysenk, 1990）。たとえば絵を描いている間は，描くという行為が完結するまで，脳内の長期記憶貯蔵部位に蓄えられてきた視覚的長期記憶が一時的に想起され，また描いている間の外界からの視覚的短期記憶も作業記憶として動員され，仮説の形成や仮説の検証が循環的に行なわれる（岩田, 1997）。

　いま，描画課題場面では，刺激図形は最も基本的な要素「点」や「線」で構成され，情報の質や文脈情報（context）の入手し易さは限定されている。一方，教示は解放された状態で描画に臨むことができるように注意深く配慮され，自由制作を指示する教示が行われる。描画者は「点」や「線」を知覚

第 14 章　研究のまとめと総合的考察　　151

すると，自己の視覚的体験や既存知識など記憶系に貯蔵されている情報に刺激図形を「照合」する。さらに描画者は，知識に基づき対象についての「心的な仮説」を形成し（全体的イメージ「＝解」を描き），その仮説から予想されるような特徴が刺激に含まれていないかを分析し，「解釈」する。

　具象群のプランニング過程では，全体的（holistic）な認知特性に導かれた刺激図形の「解釈＝意味づけ」が初めに行なわれる（大域処理）。刺激図形の全体イメージが容易に描ける場合，欠けている情報や曖昧な情報は速やかに「解釈」され，トップダウンの概念駆動型処理が近道を提供してくれる。たとえば刺激図形「二点」では，刺激図形が動物や人の顔の一部（目玉）として意味づけられ，具象群の 63.10％の描画者が「eye ball 反応」を見せている。また「解」のイメージが容易に描けない場合でも，刺激情報の欠如部分が記憶情報によって補填され，変形され，「解釈」される。つまり，具象群では，心的イメージの想起や照合に一定の時間をかける「判断（＝思考）」が行われる。具象群の平均初発時間（プランニング時間）は 13.61 秒であり非具象群より長い。描画者の中には，この「心的な仮説」の形成段階で考え込み，描画開始までに分単位で時間をかける者も認められる。しかし，一端，描画の最終形（「解」のイメージ）が想起され描画が開始されると，描画は一気に進み（描画スピードは速い），実際の描画に要する時間は短い。

　一方，非具象群のプランニング過程では，刺激図形の「意味」は同定（identification）されず，「点」や「線」を「知覚」すると分析的な認知特性に導かれ，形や大きさという刺激図形の物理的特徴に反応し，ダイレクトに描画を開始する。そのため初発時間（プランニング時間）は具象群に比べ短い。非具象群の平均初発時間は 3.42 秒であり，中には 1 秒以下の描画者も認められる。しかし，描画時間に関しては，「解」のイメージを予め想起してから描画を開始する具象群とは対照的に，非具象群では，描画は「解」が未決定な（open-ended）状態で開始され，描画開始後は時間をかけてゆっくりと探索される。さらに描画中は，変形され補填され，組み合わされて変化して

152 第Ⅳ部 展望と課題

いく自分の描画行為の結果が即時的（on-line）な視覚情報となり，フィード
バックされて次の行為を決定していく。つまり非具象群では，最終的な解釈
をめざして行われる on-line の局所的（local）な情報処理とボトムアップ処理
（データ駆動型処理）が，描画時間を長くしていると考えられる。

　このように具象群と非具象群では，描画課題場面での刺激図形の処理に関
して，それぞれ概念駆型処理（トップダウン処理）とデータ駆動型処理（ボト
ムアップ処理）の役割が強調され，描画作業を遂行していることが推測され
る。一般に，概念駆動型処理とデータ駆動型処理は並列処理であり，私たち
は両方向の処理を柔軟に駆使しながら外部の世界とかかわっている。しかし
日常的な活動とは異なり創造的な活動の場面では，具象群と非具象群のプラ
ンニングに見られるように，優位に働く情報処理が軸となる表現方略を規定
している可能性が考えられる。以下では，描画課題場面での描画制作過程の
認知プロセス（情報処理過程）を考察する。

（2）描画制作過程の認知プロセス（情報処理）モデル

　描画課題場面では，どのようなメカニズムが働くことによって，表現タイ
プ群間に差異が生じているのであろうか。以下では，認知プロセスの模式図
に沿って，それぞれの群の認知プロセスを読み解くこととする。

　本研究では，表現タイプの個人差を規定する要因を探るために，いくつか
の測度による検討を試みた。その結果，具象群と非具象群は知覚の場を構造
化するときの個人差を説明する概念の一つ，「場依存・場独立」認知スタイ
ルと関連していることが分かった。さらに，表現タイプ群の認知特性は「場
依存-場独立的」次元，「全体的-分析的」次元，そして「大域的-局所的」次
元上で捉えられることが示唆された（表14.2参照）。そこで，以下では，表
現タイプ群の認知特性と認知スタイルの個人差要因を組み込んで，概念駆動
型処理，データ駆動型処理の基本的な流れと，認知スタイルがどのように関
連し，描画行動の個人差を生み出すのかを考察する。

第 14 章　研究のまとめと総合的考察　　153

　図 14.1 の認知プロセス（情報処理）モデルの模式図は，描画課題場面にお
いて，描画者が刺激図形の「点」と「線」を入力してから，「描画」として
アウトプットするまでの描画制作過程の情報処理の流れ（information-
processing）を試験的に描いたものである。描画課題場面では，刺激図形（入
力信号）が提示されると，刺激図形がボトムアップ的に感覚信号処理（signal
processig）され，作業記憶（working memory）のシステムに送られる。作業
記憶システムは，課題についての活動状態（state of play）を絶えず更新しつ
つ貯蔵し，いつでも利用できるように保つ。ここでは，描くという行為が完
結するまで，脳内の長期記憶貯蔵部位に蓄えられてきた視覚的長期記憶が一
時的に想起され（top-down process），また描いている間の外界からの視覚的
短期記憶も作業記憶として動員され（bottom-up process），仮説の形成や仮説
の検証が循環的に行なわれる。一方，個人差要因に関しては，サイドウェイ
の認知特性や認知スタイルが，top-down ベクトルと bottom-up ベクトルの
上下方向の交互作用に，制約条件のように働くと考えられる。
　これをそれぞれの群ごとに読み解くと，具象群の認知特性は「場依存的・
全体的」で知覚的体制化を受けやすい傾向があることから，刺激図形の
「点」や「線」を入力すると，刺激図形を全体としてまとまった形態（ゲ
シュタルト）の中に位置づけ（意味づけ）ようとし，物体認知系の活動が駆動
されると考えられる。模式図に従えば，具象群ではサイドウェイベクトル
（認知スタイル）がトップダウンベクトルの概念駆動処理（conceptually driven
processing）を賦活させ，刺激図形は描画者の物体の「知識」によって認知
的に「解釈」され，読み取られる。刺激図形に関する「知識」は，描画者の
知覚的知識や概念的知識など膨大な情報が貯蔵されている長期記憶（long
term memory）／意味記憶（semantic memory）の中から取り出され，照合され
るが，具象群では，とくに意味記憶の概念的な知識が刺激情報の欠如部分を
補填し（対象についての心的な仮説を形成し），描画の全体的イメージ「＝解」
を描くのに役立つと考えられる。つまり具象群では，刺激図形の「点」と

154 第Ⅳ部 展望と課題

「線」が最終的なイメージに基づいて補填され，変形される，大域的
（global）なプランニングが推し進められ，具象的な描画を生み出してゆくと
考えられる。

　一方，非具象群の認知特性は「場独立的・分析的」で，知覚的体制化を受
けにくく，情報は断片のまま処理される。非具象群では，刺激図形の意味は
同定（identification）されず，刺激図形の物理的次元の特徴，点の大きさ，線
の長さ，位置関係，方向性など対象の知覚可能な属性が分析され，局所的
（local）に処理される。模式図に従えば，非具象群のサイドウェイベクトル
（認知スタイル）は物体認知系の活動を賦活せず，相対的に感覚処理が強く駆
動され，トップダウンベクトルよりもボトムアップベクトルが活発に作用
し，データ駆動型処理（data-driven processing）が優位に働くと考えられる。
非具象群の作業記憶では，このような情報処理の特性が，視覚的刺激の on-
line の情報に基づく局所的なプランニングを推し進める。その結果，線と
線，形と形の関係，バランス，対称性などの「視覚的探索」に基づく非具象
的な描画が生み出されてゆくと考えられる。つまり，確定的な全体プランを
案出し，後はそれに従って行くという全体的・大域的な具象群のプランニン
グとは対照的な，分析的・局所的なプランニングが，非具象的な作品を生み
出していると考えることができるであろう。

　以上，抽象的な図式であるが図 14.1 に沿って，刺激図形の入力から反応
出力に至るまでの，具象群と非具象群の認知プロセスを読み解いた。描画課
題場面では，刺激図形を「形」を構成する要素の「点」と「線」で構成し，
情報の質や文脈情報の入手し易さを統制した。このような場面では，サイド
ウェイからプランニング過程に働きかける知覚の個人差要因としての認知特
性や「認知スタイル」が上下方向のベクトルの強弱を決定し，具象群では
トップダウンの概念駆動型処理が，非具象群ではボトムアップのデータ駆動
型処理が優位に駆動し，相互作用的に働くこの 2 つの情報処理（information-
processing）の強弱が描画行動の差異を生み出していると推測される。

第14章 研究のまとめと総合的考察 155

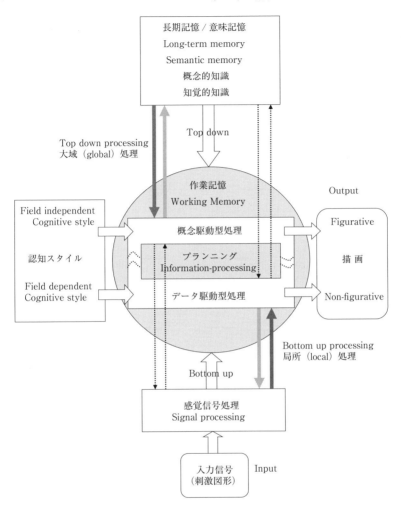

図 14.1 描画課題場面における描画制作過程の認知プロセス
（情報処理）モデルの模式図

156　第IV部　展望と課題

14.4　展望と課題

（1）本研究の成果と問題点

　本研究の目的は，児童の描画に焦点を当て，子どもの描画特性を明らかにするとともに，描画特性の差異をもたらす要因を探ることである。これまでの描画研究では，描画発達は単一の過程であると仮定され，認知発達（知的発達）との相関のみで捉えられてきた。しかし，本研究では，認知の個人差の視点を組み込むことで，一元的な枠組みでは言及できなかった描画特性の個人差の検討を試みた。

　検討の結果，とくに情報処理の観点から，具象群と非具象群の刺激図形の処理に関する差異が明らかにされ，具象群ではトップダウンの概念駆動型の情報処理が，非具象群ではボトムアップのデータ駆動型の情報処理が優位に駆動し，相互作用的に働く２つの情報処理の強弱が描画特性の差異を生み出すと考えられた。また，描画課題場面でのトップダウン処理とボトムアップ処理の上下方向の基本的な流れと，サイドウェイの「認知スタイル」がどのように関連し，描画行動の個人差を生み出すのかを説明する「認知プロセスモデル」を，試験的にではあるが提示できた。これらのプロセスは，描画だけではなく，児童のその他の造形活動（例えば，立体造形などの三次元表現）の個人差をも説明しうる可能性を示唆し，造形活動の支援に関わる新しい視点を提示すると考える。

　しかし，研究方法上で問題も残った。本研究では，描画制作過程を観察し実証的・量的に検討するために，予め「点」や「線」を記した６枚のカードを用いて，描画の自由度を限定し，統制する描画課題を行った。この実験的な調査は，これまでは困難であった「分析の単位」や「分析の基準」の設定を容易にするのに役立った。しかし同時に，描画行動の分析は実験的な調査場面に限定され，一般的な描画行動を分析することはできなかった。そのた

め試験的に提示した認知プロセス・モデルも，一般的な場面での並列的な情報処理過程を説明するモデルとしては十分とは言えず，今後の検討が必要と考える。

さらに発達的な検討に関しては，具象群では「共通反応」が認められ，発達的な変化はあまり認められなかった。しかし，日常的な場面で観察される子どもたちの描画行為は，「描画課題」場面での描画行為をはるかに超えた複雑なものであろうと考えられる。たとえば，年齢に伴う写実的なスキルの習熟や概念的な知識あるいは視覚的経験の増加は，彼らの描画行為を複雑にするであろう。また芸術的な能力（たとえば感性的次元の表現など）の発達に関しては，U型発達の論争はあるものの，描画課題場面という統制された条件下での「共通反応」に見られるような表現の画一化は，単純な形では現れにくいと考えられる。

つまり，本研究においては，厳格な操作的定義や統制のとれた方法論を設定しようとすることが日常の場面での描画行為の検討を阻む要因となり，発達的な検討は「描画課題」場面という限定された場面での個人差の範囲内での変化に留まっている。その意味では，発達的な様相を十分に検討できなかったといえるだろう。そこで今後は，発達的な検討に関しては，視点を変えて，例えば感性的な次元での表現研究等，個別のテーマに沿って検討することが必要であると考える。また一般化の説明に耐えるために，多様な描画制作場面（写生画，抽象画，自由画）における検討が必要であり，対象者に関しても，筆者らの造形教室以外の子どもたちに実施することが必要であると考える。

第2の問題点は，描画特性の個人差要因の検討に関するものである。この問題は，今回の結果が，実験的な場面以外での子どもたちの描画行動を説明しうるかどうかという問いとも関連する。Sternberg & Lubart（1993）は，創造性の多重要因アプローチを展開し，創造的な問題解決の個人差要因として，知能・知識・知的スタイルの認知的資源と，性格や動機づけの情緒的−

動機づけ資源，そして環境的資源の6つを挙げている。本研究では，情報処理的アプローチを採用する立場から，描画特性の個人差要因に関しては，認知的資源に関する検討に焦点化した。しかし，認知スタイルの個人差は，知覚領域にとどまらず環境と個人の関係の仕方にまで及ぶものであろう。たとえば，Witkin らの一連の研究では，知覚における個人差がパーソナリティ関連の行動における個人差にどのように関連しているかにも言及し，認知・パーソナリティ理論への発展の様相を示している。そこで今後は，情緒的-動機づけ資源の視点からの検討も必要であると考える。また，現在ではfMRI などの脳神経科学的手法の進展によって，高次の知覚的要因の生物学的基礎が手の届くところにあるといわれる。描画行動の個人差要因をもたらす生物学的な要因は何か，創造過程ではどのような脳内機序が働いているか，今後の解明が期待される。

（2）展　望

　心理学と美術との間には大きな乖離があった。一方は科学的であろうとし，多様性よりも論理的な筋道を重視し，もう一方は多様性こそが創造性の源であると考えた。心理学と美術はその出発点で不安定な関係を内包していた。さらに本研究では，子どもの描画特性を研究対象とし，描画活動に関与する認知的な「要因」に焦点を当てたことで，従来の一元的な考えに抵触し，困難な状況を抱えることとなった。しかし研究の動機は，子どもたちの現実の中にあり，実際に目の前で起こっている子どもたちの描画行動にある。なぜこどもたちはそのように描くのか。なぜ子どもたちに対比的な傾向が認められるのか。筆者は，「現象」に即して論理を組み立てることは重要なことであると考えた。

　岩田（1991）は，創造性につながる視覚的思考（visual thinking）の連環は，自己の知識の範囲を超えた新しい視覚的体験によって生み出され保持されると記述する。たしかに，私たちは日常生活においては，自分の脳内にある視

第 14 章　研究のまとめと総合的考察　　159

覚世界が上手く機能していると感じられる限り問題は生じない。しかし，「解」が未決定な創造的問題解決場面では，自己の知識の範囲内で閉じることは表現の画一化を招きやすい。たとえば，具象群の「共通反応」ではステレオタイプの類型化された表現が認められる。一方，非具象群の描画作品は，曖昧で多義的で理解するのが難しい。その描画行為はボトムアップ的で，最終的な「解」は未決定（open-ended）のまま探索的に進められる。しかし逆説的に，そのことが自己の視覚的体験を超えた新しい視覚対象を生み出すチャンスをもたらす。創造的であることは，環境世界への適応のための重要な道具であると考える時，非具象群が示す多様性は，私たちが生きていく上で大切なもう一つの適応の形を示していると考えることができるのではないだろうか。

　具象群と非具象群の情報処理に着目すると，具象群の概念駆動処理は意識的コントロールが必要で，容量に制約のある明示的な認知的資源に依存する。それに対して，非具象群のデータ駆動処理は，自動処理，無意識的処理として特徴づけられることもあり，容量の制約に比較的左右されにくい暗示的な生データに依存する。創造性の観点からは，既有知識からトップダウン的に物事を解釈する合理的・客観的な見方に加えて，ボトムアップ的に世界とかかわる非合理的・主観的な認識態度も大切であると考える。たしかに，非具象群の子どもたちは，その具体的な描画行動において，あるいはその作品において具象群の子どもたちとは異なる様相を示す。しかし，対比的な認知スタイルは，いずれの極においても適応的な意味を持つ。非具象群の子どもたちが辿る道筋も，環境に働きかけながら世界を構築していくために子どもたちに用意された描画発達のもう一つの道筋であると考えることができるのではないだろうか。

　Shotwell, Wolf, & Gardner（1980）は，"初期のシンボル使用の獲得のスタイル"の報告の末尾に，「対比的なスタイルの究極的な理由がどういったものであろうとも，人間はコンピテンスを得るために，少なくとも2つの選択

160 第Ⅳ部 展望と課題

可能な筋道を進歩させてきたのかもしれない」と記述する。本研究で見出された非具象群の子どもたちの，積極的な意味を捉えたい。

　描画研究は，分析を阻むほど複雑な問題を持ち込み，容易には分析されることを拒む。しかし近年，新たなアプローチとして「感性」の働きに着目する研究が認められる（河内，1997；行場，2000，2002；大山，2002；野口，2007；三浦，2005，2007，2009）。これらの情報処理的アプローチや実験心理学的視点による感性研究の広がりと深まりは，本研究で問題とした具象・非具象表現の問題を新たな角度から問い直すと考える。感性的アプローチからの検討を今後の課題としたい。

　本研究は，筆者の日常的な観察が問題を提起した。その日常の疑問に沿って，しかし，科学的な方法を模索しつつ検討を重ねてきた。いま，具象群と非具象群に着目することで，児童の描画特性と認知スタイルの関連性についていくつかの知見が明らかにされた。今回の結果が一般化の説明に耐えるためにはなお継続した検討が必要であると考えるが，本研究が美術と心理学を橋渡しする研究のきっかけとなり，本研究から得られた知見が今後の教材開発や教育的支援に役立つことを願いたい。

文　献

Adi-Japha, E., Levin, I., & Solomon, S. (1998). Emaergence of representation in drawing: The relation between kinematic and referential aspects. *Cognitive Dvelopment,* **13**, 25-51.

Alland, A. (1983). *Playing with form: Cildren draw in six cultures.* New York: Columbia University Press.

Arnheim, R. (1954). *Art and visual perception: A psychology of the creative eye.* Berkeley: University of California Press.Arnheim, R. (波多野完治・関　計夫訳, 美術と視覚・美術と創造の心理学上. 美術出版社, 1964)

Arnheim, R. (1967). *Toward a Psychology of Art.* Berkeley: University of California Press. (関　計夫訳, 芸術心理学. 地湧社, 1987)

Arnheim, R. (1969). *Visual Thinking,* London: Faber & Faber. (関　計夫訳, 視覚的思考. 美術出版社, 1974)

Baddeley, A. D. (1986). *Working memory.* Oxford: Oxford University Press.

Bremner, J. G., & Moore, S. (1984). Prior visual inspection and object naming: two factors enhance hidden feature inclusion in young children's drawings. *British Journal of Developmental Psychology,* **2**, 371-376.

Blank, P., Massey, C., Gardner, H., & Winner, E. (1984). Perceiving what paintings express. In W. R. Crozier & A. J. Chapman (Eds.), *Cognitive processes in the perception of art* (pp.127-143). Amsterdam: Elsevier.

Callaghan, T. C. (1997). Children's judgments of emotions portrayed in museum art. *British Journal of Developmental Psychology,* **15**, 515-529.

Callaghan, T. C. (2000). Factors affecting children's graphic symbol use in the third year: Language, similarity and iconicity. *Cognitive Development,* **15**, 185-214.

Carothers, T., & Gardner, H. (1979). When children's drawings become art: The emergence of aesthetic production and perception. *Developmental Psychology,* **15**, 570-580.

Case, R. (1985). *Intellectual development: Birth to adulthood.* Orlando, Fla: Academic Press.

Cox, M. V. (1978). Spatial depth relationships in young children's drawings. *Journal of Experimental Child Psychology,* **26**, 551-554.

Cox, M. V. (1981). One thing behind another: Problems of representation in children's drawings. *Educational psychology*, 1 (4), 275-287.

Cox, M. V. (1986). Cube are difficult things to draw. *British Journal of Developmental Psychology*, 4, 341-345.

Cox, M. V. (1992). *Children's drawings*. London: Penguin Books. (子安増生訳, 子どもの絵と心の発達. 有斐閣, 1999)

Das, J. P., Naglieri, J. A., & Kirby, J. R. (1994). *Assessment of cognitive processes: The PASS theory of intelligence*. Boston: Allyn & Bacon.

Davis, A. M. (1983). Contextual sensitivity in young children's drawings. *Journal of Experimental Child Psychology*, 35, 478-486.

Davis, J. H. (1997). The what and the whether of the U: Cultural implications of understanding development in graphic symbolization. *Human Development*, 40, 145-154.

Dennis, S. (1992). Stage and structure in the development of children's spatial representations. In R. Case (Ed.), *The Mind's staircase: Exploring the conceptual underpinnings of children's thought and knowledge* (pp.229-245). Hillsdale, NJ: Lawrence Erlbaum.

土肥美夫. (1989). 抽象の前提と発生―絵画の存立をめぐるたたかい, 講座 20 世紀の美術第 3 巻, 芸術の革命 (pp.51-105). 岩波書店.

Efland, A.D. (2002). *Art and cognition: Integrating the visual arts into the culture*. New York: Teachers College, Columbia University. (ふじえみつる監訳, 美術と知能と感性―認知論から美術教育への提言―. 日本文教出版, 2011)

江尻桂子. (1994). 子どもの描く想像画：その発達と教示による効果, 発達心理学研究, 5, 154-164.

遠藤愛. (2010). 境界領域の知能を有する発達障害生徒に対する算数文章題解決のための学習支援―認知特性とつまずいている解決過程の分析から―. 教育心理学研究, 58, 224-235.

Eysenck, M. W. (1990). *The blackwell dictionary of cognitive psychology*. pp.241-242. New York: Basil Blackwell. (重野 純訳, 認知心理学事典. 新曜社, 1998)

Freeman, N. H. (1980). *Strategies of representation in young children: Analysis of spatial skills and drawing processes*. London: Academic Press.

Freeman, N. H. (1972). Process and product in children's drawing. *Perception*, 1, 123-140.

文　献　163

Freeman, N. H. (1986). How should a cube be drawn? *British Journal of Developmental Psychology*, **4**, 317-22.

Freeman, N. H. & Janikoun, R. (1972). Intellectual realism in children's drawings of a familiar object features. *Child Development*, **43**, 1, 116-121.

Freeman, N., Eiser, C., & Sayers, J. (1977). Children's strategies in producing three-dimensional relationships on a two-dimensional surface. *Journal of Experimental Child Psychology*, **23**, 305-314.

Frith, U. (1989). *Autism: Explaining the enigma*. Malden, MA: Blackwell.

藤本浩一. (2010). 知的発達に遅れのある中学生への認知訓練—フォイヤーシュタインの IE の効果を WISC-Ⅲで検証する. 神戸松蔭女子学院大学紀要, 1-11.

Gardner, H. (1970). Children's sensitivity to painting styles. *Child Development*, **41**, 813-821.

Gardner, H. (1974). Metaphors and modalities: How children project polar adjectives onto diverse domains. *Child Development*, **45**, 84-91.

Gardner, H. (1979). Dvelopemental psychology after Piaget: An aproach on terms of symbolization. *Human development*, **22**, 73-88.

Gardner, H. (1983). *Frames of mind: The theory of multiple intelligences*. New York: Basic Books.

Gardner, H. (1982). *Art, Mind, and Brain: A cognitive approach to creativity*. New York: Basic Books. (中瀬律久・森島慧訳, 芸術, 精神, そして頭脳—創造性はどこから生まれるか. 黎明書房, 1991)

Gardner, H. (1980). *Artful scribbles: The significance of children's drawings*. New York: Basic Books. (星美和子訳, 子どもの描画—なぐり描きから芸術まで—. 誠信書房, 1996)

Gardner, H., & Gardner, J. K. (1973). Developmental trends in sensitivity to form and subject matter in paintings. *Studies in Art Education*, **14**, 52-56.

Gibson, J. J. (1979). *The ecological approach to visual perception*. Boston: Houghton Mifflin. (古崎敬・古崎愛子・辻敬一郎・村瀬　旻訳, 生態学的視覚論—ヒトの知覚世界を探る. サイエンス社, 1985).

Goldstein, K. M., & Blackman, S. (1976). Cognitive complexity, maternal child rearing, and acquiescence. *Social Behavior and Personality*, **4**, 97-103.

Golomb, C., & Farmer, D. (1983). Children's graphic planning strategies and early principles of spatial organization in drawing. *Studies in Art Education*, **24** (2),

164 文　献

87-100.

Golomb, C. (2004). *The child's creation of a pictorial world* (*2nd ed.*). Mahwah, NJ: Erlbaum.

Gombrich, E. H. (1960). *Art and Illusion: A study in the psychology of pictorial representation* (*4th edn*). London: Phaidon Press. (瀬戸慶久訳, 芸術と幻影—絵画的表現の心理学的研究—. 岩崎美術社, 1979)

Goodenough, F. L. (1926). *Measurement of intelligence by drawings*. New York: Harcourt, Brace & World. (小林重雄編, グッドイナフ人物画知能検査ハンドブック. 三京房, 1977).

Goodman, N. (1976). *Languages of Art* (*2nd ed.*). Indianapolis, IN: Hackett.

Goodnow, J. (1979). *Children's Drawings*, Cambridge, MA: Harvard University Press.)

後藤狷士. (1974). 芸術の種類. 竹内敏雄 (編), 美学事典増補版. 弘文堂.

Gregory, R. L. (1998). *Eye and brain: The psychology of seeing*, Fifth edition. Oxford: Oxford University Press. (近藤倫明・中溝幸夫・三浦佳世訳, 脳と視覚—グレゴリーの視覚心理学—. ブレーン出版, 2001)

Guilford, J. P. (1961). Factorial angles of psychology. *Psychological Review*, **68**, 1-10.

行場次朗. (2000). 認知心理学とは何か. 知性と感性の心理学. 福村出版.

行場次朗. (2002). 視覚的補完現象におけるアウェアネスとクオリアの心理物理学的検討. 基礎心理学研究, **21**, 62-79.

行場次朗. (2003). 視覚的クオリアとアウェアネスの関連性と絵画作品. 基礎心理学研究, **22**, 114-119.

行場次朗・作田由衣子・鈴木美穂. (2002). ブレインサイエンスと絵画作品. 映像情報インダストリアル, **3**, 83-87.

浜谷直人. (1994). 幼児の発達と表現. 岡本夏木・高橋恵子・藤永　保 (編), 講座幼児の生活と教育 4, 理解と表現の発達. 岩波書店.

浜谷直人・木原久美子. (1990). 自閉症児の特異な描画技法の発達過程. 教育心理学研究, **38**, 83-88.

Hammer, E. F. (1953). Frustration-aggression hypothesis extended to socio-racial areas: Comparison of Negro and children's H-T-P's, *Psychiatric Quarterly*, **27**, 597-607.

Harris, D. B. (1963). *Children's drawing as measures of intellectual maturity: A revision and extension of the Goodenough Draw-a-Man Test*. New York: Harcourt,

文　献　165

Brace & World.

Hartley, J. I., Somerville, S.C., Jensen, D.C., & Eliefjua, C. C. (1982). Abstraction of individual styles from the drawings of 5-year-old children. *Child Development*, **53**, 119-124.

平井誠也・竹中郁子. (1995). 幼児・児童における円筒形の描画過程の発達的研究. 発達心理学研究, **6**, 114-154.

平沼博将. (2000). 子どもの描画活動における「動き」の表現の発達とナラティブ描画. 京都大学大学院教育学研究科紀要, **46**, 144-156.

菱谷晋介・西原進吉. (2007). ワーキングメモリのモデルと信号検出理論に基づいたイメージ鮮明度検査能力の測定. 認知心理学研究, **4**, 103-115.

堀見太郎・辻　悟・長坂五郎・浜名薫香. (1958). 阪大スケール本明・外林編ロールシャッハテスト (pp.144-196). 中山書店.

Hudson, L. (1966). *Contrary imaginations*: Psychological study of the English schoolboy. London: Methuen.

Hunt, E. B. (1978). Mechanics of verbal ability. *Psychological Review*, **85**, 109-130.

Ingram, N., & Butterworth, G. (1989). The young child's representation of depth in drawing: Process and Product, *Journal of Experimental Child Psychology*, **47**, 356-169.

Isaksen, S. G., Puccio, G. J., & Treffinger, D. J. (1993). An ecological approach to creativity research: profiling for creative problem solving. *Journal of Creative Behavior*, **27** (3), 149-170.

石井敬子・北山　忍. (2004). コミュニケーション様式と情報処理の対応関係：文化的視点による実証的研究レヴュー, 社会心理学研究, **19**, 241-254.

糸井尚子. (1990). 小・中学生用集団埋没図形テスト作成の試み. 東京学芸大学紀要. 教育科学, **41**, 227-244.

Ives, S. W. (1980). The use of orientation in children's drawing of familiar objects: Principles versus percepts, *British Journal of Educational Psychology*, **50**, 295-296.

Ives, S. W. (1984). The development of expressivity in drawing. *British Journal of Educational Psychology*, **54**, 152-159.

岩田　誠. (1991). ヒトの視覚的思考におけるモジュール構造. 神経進歩, **35**, 489-495.

岩田　誠. (1997). 見る脳・描く脳—絵画のニューロサイエンス. 東京大学出版会.

岩田　誠.（2001）. 脳と創造性. てんかん研究, **19**（2）, 101-110.

Jolley, R. P., & Thomas, G. V. (1994). The development of sensitivity to metaphorical expression of moods in abstract art. *Educational Psychology*, **14**, 437-450.

Jolley, R. P., & Thomas, G. V. (1995). Children's sensitivity to metaphorical expression of mood in line drawings. *British Journal of Developmental Psychology*, **12**, 335-346.

Jolley, R. P., Zhi, C., & Thomas, G. V. (1998). The development of understanding moods metaphorically expressed in pictures: a cross-cultural comparison. *Journal of Cross-Cultural Psychology*, **29**（2）, 358-376.

Jolley, R. P., & Knox, E. L., & Foster, S. G. (2000). The relationship between children's production and comprehension of realism in drawing. *British Journal of Developmental Psychology*, **18**, 557-582.

Jolley, R. P., Fenn, K., & Jones, L. (2004). The development of children's expressive drawing. *British Journal of Developmental Psychology*, **22**, 545-567.

Kahney, H. (1986). *Problem solving: A cognitive approach.* The Open University press, Milton Keynes, England. （長町三生訳, 問題解決. 海文堂, 1989）

Kandinsky, W. (1926). *Punkt und Linie zur Fläche.* München: Albet Langen. （西田秀穂訳, 点・線・面―抽象芸術の基礎―. 美術出版社, 1979）

Kanizsa, G. (1979). *Organization in vision. Essays on Gestalt perception.* New York: Prarger. （野口　薫監訳, 視覚の文法―ゲシュタルト知覚論. サイエンス社, 1985）.

Karmiloff-Smith, A. (1990). Constraints on representational change: Evidence from children's drawing. *Cognition*, **34**, 57-83.

片口安史.（1987）. 改定新・心理診断法：ロールシャッハ・テストの解説と研究. 金子書房.

加藤義明.（1970）. Thurstone 版ゴットシャルト・テストの分析. 明星大学研究紀要, **5**, 55-67.

加藤　厚・加藤隆勝.（1983）. 場依存―場独立認知型概念の意義と妥当性について, 筑波大学心理学研究, **5**, 87-93.

Kaufman, A. S. (1983). *Kaufman assessment battery for children.* Circle Pines, MN: America Guidance Service.

河内十郎.（1997）. 感性と知性の関係―脳損傷事例から考える―. 辻　三郎（編）. 感性の科学―感性情報処理へのアプローチ（pp.47-51）. サイエンス社.

文　献　167

Kellogg, R. (1969). *Analysing Children's Art*, Palo Alte, CA: National Press Book.

木原久美子・浜谷直人．（1988）．三次元構造物に対する幼児の描画方略の検討．教育心理学研究，**36**，67-72.

Kimura, D. (1999). *Sex and cognition*. Cambridge, MA: MIT Press.

木村重信．（1967）．現代絵画の解剖．鹿島出版会．

Kinder, A., & Darras, B. (1998). Culture and development of pictorial repertories. *Studies in Art Education*, **39** (2), 147-167.

Kitayama, S., Duffy, S., Kawamura, T., & Larsen, J.T. (2003). Perceiving on object and its context in different cultures: A cultural look at New Look. *Psychological Science*, **14** (3), 201-206.

古池若葉．（1996）．子どもの描画における感性的表現研究の動向と展望．東京大学教育学研究科紀要，**36**，281-289.

古池若葉．（1997）．描画活動における感情表現の発達過程．教育心理学研究，**45**，367-377.

古池若葉．（2008）．幼児期の樹木画における感情表現の発達―5歳から6歳にかけての縦断的データの検討―，跡見学園女子大学文学部紀要，**41**，105-127.

Kolb, D. A. (1983). *Experiential learning: Experience as the source of learning and development*. Newyork: FT Press.

Kose, G. (1984). The psychological investigation of Art: Theoretical and methodological implications. In Crozier, W. R., & Chapman, A. J. (Eds.), *Cognitive Processes in the perception of art* (pp.27-44). Amsterdam: North-Holland.

Kosslyn, S. M., Heldmeyer, K. H., & Locklear, E. P. (1977). Children's drawings as date about internal representations. *Journal of Experimental Child Psychology*, **23**. 191-211.

Kosslyn, S. M., Thompson, W. L. Shephard, J. M., Ganis, G., Bell, D., Donovitch, J., Wittenberg, L. A., & Alpert, N. M. (2004). Brain rCBF and performance in visual imagery tasks: Common and distinct processes. *European Journal of Cognitive Psychology*, **16**, 696-716.

車　貞玫．（2005）．美術の専門的学習は色と形の選考に影響を及ぼすか．日本大学心理学研究，**26**，45-52.

車　貞玫・野口　薫．（2007）．美的選好における知覚体制化と経験や学習．美と感性の心理学―ゲシュタルト知覚の新しい地平―（pp.188-198）．日本大学文理学部．

Levine D. N., Warach J., & Farah M. (1985). Two visual systems in mental imagery;

168 　文　　献

Dissociation of "what" and "where" in imagery disorders due to bilateral posterior cerebral lesions. *Neurology*, **35**. 1010-1018.

Lewis, H. P. (1963). Spatial representation in drawing as a correlate of development and a basis for picture preference. *Journal of Genetic Psychology*, **102**, 95-107.

Lewis, C., Rusell, C., & Berridge, D. (1993). When is a mug not amug? Effect of content, naming, and instruction on children's drawing. *Journal of Experimental Child Psychology*, **56**, 291-302.

Light, P. H., & Humphreys, J. (1981). Internal relationships in young children's drawings, *Journal of Experimental Child Psychology*, **31**, 521-30.

Light, P. H., & MacIntosh, E. (1980). Depth relationships in young children's drawings, *Journal of Experimental Child Psychology*, **30**, 79-87.

Löwenfeld, V. (1952). *Creative and mental growth* (Rev. Ed.). New York: Macmillan. (竹内清他訳，美術による人間形成：創造的発達と精神的成長．黎明書房，1995)

Lubart, T. I. (1994). Creativity. In Sternberg, R. J. (Ed.). *Thinking and problem solving*. New York: Academic Press.

Luquet, G. H. (1927). *Le Dessin Enfantin*. Paris: Alcan.

Luria, A. R. (1970). The functional organization of the brain. *Scientific America*, 222 (3).

Luria, A. R. (1973). *The working brain: An introduction to neuropsychology*. New York: Basic Books.

前川久男・中山　健・岡崎慎治．(2007)．日本版 DN-CAS 評価システム．日本文化科学社．

Marr, D. (1978). *Vision: A computational investigation into human representation and processing of visual information*. San Francisco: WH Freeman &Company. (乾敏郎・安藤広志訳，ビジョン―視覚の計算理論と脳内表現―．産業図書，1987)

McGhee, K., & Dziuban, C.D. (1993). Visual preferences of preschool children for abstract and realistic paintings. *Perceptual and Motor Skills*, **76**, 155-158.

Messick, S., & Associates. (1976). Personality consistencies in cognition and creativity. In S. Messick and associates, *Individuality in learning*. San Francisco: Jossey Bass.

三崎　隆．(2006)．場独立的なタイプの生徒と場依存的なタイプの生徒の地層観察と岩石薄片観察の一貫性．北海道教育大学紀要，**57**.

三浦佳世．(2005)．美術・造形の心理―感性の情報処理．子安増生（編）芸術心理学

の新しいかたち（pp.104-128）．誠信書房．

三浦佳世．（2007）．知性と感性の心理学．岩波書店．

三浦佳世．（2009）．アイステーシスの科学としての感性研究．感性工学，**8**（2），232-239.

Moore, V. (1985). The use of a coloring task to elucidate children's drawings of a solid cube. *British Journal of Developmental Psychology*, **4**, 335-40.

Morra, S. (1994). Issues in working memory measurement: Testing for M capacity. *International Journal of Behavioral Development*, **17**, 143-159.

Morra, S. (2000). A new model of verbal short-term memory. *Journal of Experimental Child Psychology*, **75**, 191-227.

Morra, S. (2002). On the relationship between partial occlusion drawing, M capacity, and field independence. *British Journal of Developmental Psychology*, **20**, 421-438.

Morra, S. (2005). Cognitive aspects of change in drawings: A neo-Piagetian theoretical account. *British Journal of Developmental Psychology*, **23**, 317-341.

Morra, S. (2008). Memory components and control processes in children's drawing. In C. Milbrath and H. M. Trautner (Eds.), *Childre's understanding and production of pictures, drawing, and art: theoretical and empirical approaches*. Göttingen: Hogrefe.

Morra, S., Angi, A., & Tomat, L. (1996). Planning, encoding, and overcoming conflict in partial occlusion drawing: A neo-Piagetian model and an experimental analysis. *Journal of Experimental Child Psychology*, **61**, 276-301.

村山久美子．（1988）．視覚芸術の心理学．誠信書房．

Naglieri, J. A., & Das, J. P. (1988). lanning-Arousal-Simultaneous-Successive (PASS): A model for Assessment. *Journal of School Psychology*, **26**, 35-48.

Naglieri, J. A., & Das, J. P. (1990). Planning, Attention, Simultaneous, and Successive (PASS) Cognitive Processes as A Model for Intelligence. *Journal of Psychoeducational Assessment*, **8**, 303-337.

Naglieri, J. A., & Das, J.P. (1997). *Cognitive Assessment System*. Riverside Publishing. （前川久男・中山　健・岡崎慎治訳，日本版 DN-CAS 評価システム．日本文化科学社，2007）．

中島義明・大田耕平．（1995）．情報処理過程からみた知的行動についての検討．大阪大学人間科学部紀要，139-143.

中村飛鳥．（2003）．英語の難聴に及ぼすスピード，ポーズ挿入および個人差要因の影

響. 京都大学大学院教育学研究科紀要, **49**, 270-279.

Navon, D. (1977). Forest before trees: The precedence of global features in visual perception. *Cognitive Psychology*, **9**, 353-383.

Navon, D. (1981). Do attention and decision follow perception? Comments on Miller. *Journal of Experimental Psychology: Human Perception and Performance*, **7**, 1175-1182.

Navon, D. (1983). How many trees dose it takes to make a forest? *Perception*, **12**, 239-254.

Neisser, U. (1967). *Cognitive psychology*. New York: Appleton-Century-Crofts.（大羽蓁訳, 認知心理学, 誠信書房, 1967）.

新妻悦子. (2002). 描画過程における造形的働きかけの差異に関する研究. 東北大学大学院教育学研究科修士論文, 1-61.（未公刊）. 東北大学.

新妻悦子. (2008). 認知的・心的特性の分析に基づく造形活動の個人差に関する一考察—内に向かう表現・外に向かう表現—. 美術科教育学会第30回大会発表概要集, 50.

新妻悦子. (2009). 認知的・心的特性の分析に基づく造形活動の個人差に関する一考察. 美術教育学第30号, 317-330.

新妻悦子. (2010). 描画制作過程における「知性処理」と「感性処理」—具象群と非具象群の分析を手がかりとして—. 美術教育学第31号, 279-290.

新妻悦子. (2011). 描画表現の発達に関する研究Ⅰ—具象タイプ群と非具象タイプ群の違いに着目して—. 日本発達心理学会第22回発表論文集, 200.

新妻悦子. (2012). 認知の個人差と描画表現に関する一考察. 美術科教育学会第33回大会発表概要集, 50.

新妻悦子. (2013a). 描画特性の一貫性と描画作品の内容分析に関する検討—描画課題を用いた描画行動の個人差に関する認知的・発達的研究—. 東北大学大学院教育学研究科年報, **62** (1), 203-216.

新妻悦子. (2013b). 児童の描画特性に関する認知的・発達的研究—描画課題を用いた描画行動の個人差に着目して—. 東北教育心理学研究第13巻, 31-41.

新妻悦子・新妻健悦・佐藤 静. (2002). 描画特性における具象群と非具象群の分析. 日本イメージ心理学会第3回大会発表論文集, 10-11.

新妻悦子・新妻健悦・佐藤 静. (2003). 描画特性の一貫性について. 日本イメージ心理学会第4回大会発表論文集, 22-23.

新妻悦子・新妻健悦・佐藤 静. (2005a). 描画特性における具象群と非具象群の分

析―描画課題を用いた描画行動の個人差に関する認知的・発達的研究―. イメージ心理学研究, 第3巻第1号, 13-25.

新妻悦子・新妻健悦・佐藤　静. (2005b). 描画特性の具象群と非具象群の分析―描画内容の出現頻度について―. 日本イメージ心理学会第6回大会発表論文集, 20-21.

新妻悦子・新妻健悦・佐藤　静. (2006). 描画特性における具象群と非具象群の分析―描画特性と発達特性―. 日本イメージ心理学会第7回大会発表論文集, 20-21.

新妻健悦. (1996). 新妻健悦のワークショップ―美術探検・演習　子供と美術をめぐって―宮城県美術館・ワークショップ活動の記録. 仙台：宮城県美術館.

新妻健悦. (2008). アトリエ・コパンの実践―「A言語」と「B言語」を基軸とする造形活動―. 美術教育, 132-133.

野口　薫. (1981). ゲシュタルト要因　梅津八三・相良守次・宮城音弥・依田　新（監修）. 新版心理学事典 (pp.193-195). 平凡社.

野口　薫. (2007). ゲシュタルト心理学―知覚とその神経生理学的基礎への貢献―, 野口　薫（編）, 美と感性の心理学―ゲシュタルト知覚の新しい地平―(pp.19-39). 日本大学文理学部.

Noguchi, K., & Rentschler, I. (1999). Comparison between geometrical illusion and aesthetic preference. *Journal of Engineering Chiba University*, **50**, 35-37.

鬼丸吉弘. (1984). 児童画のロゴス―身体性と視覚―. 勁草書房.

太田裕之・小野　泰. (2003). 空間表象能力の個人差に関する研究. 福山大学工学部紀要, **27**, 71-78.

Oyama, T. (2002). Affective and symbolic meanings of color, form, and motion: Experimental-psychological approaches. *Proceeding of the 17th congress of the International Association of Empirical Aesthetics*, 47-56.

Oyama, T., Yamada, H., & Iwasawa, H. (1998). Symbolic meanings of computergenerated abstract forms. *Psychological Research of Nihon University*, **19**, 4-9.

大山　正・山田　寛・和田有史. (1999). 形態認知の研究 (5) ―形態記憶の規定要因―. 基礎心理学研究, **17**. 第17回大会発表要旨, 148-149.

Oyama, T., Miyano, H., & Yamada, H. (2003). Multidimensional scaling ofcomputer-generated abstract forms. In H. Yanai, A. Okada, K. Shigemasu, Y. Kano, & J. J. Meulman (Eds.), *New Developments in Psychometric* (pp. 551-558). Tokyo: Springer.

Pariser, D., & van den Berg, A. (1997). Beholder beware: A reply to Jessica Davis. *Studies in Art Education*, **38** (3), 186-192.

Parsons, M., (1998). Review of Child development in art. *Studies in Art Education*, **40** (1). 80-91.

Pascual-Leone, J. (1970). A mathematical model for the transition rule in Piaget's developmental stages. *Acta Psychological*, **32**, 301-345.

Pascual-Leone, J. (1987). Organismic processes for neo-Piagetian theories: A dialectical causal account of cognitive development. *International Journal of Psychology*, **22**, 531-570.

Pascual-Leone, J. (1989). An organismic process model of Witkin's field dependence-independence. In T. Globerson & T. Zelniken (Eds.), *Cognitive style and cognitive development* (pp. 36-70). Norwood, NJ: Ablex.

Phillips, W. A., Inall, M., & Lauder, E. (1985). "On the discovery, storage and use of graphic descriptions", in Freeman, N. H. and Cox, M. V. (Eds). *Visual Order*, Cambridge: Cambridge University Press.

Piaget, J., & Inhelder, B. (1966). *La psychologie de l'enfant*. Paris: Presses Universitaires de France. (波多野完治・須賀哲夫・周郷　博訳，新しい児童心理学．白水社，1969)

Poirel, N., Pineau, A., Jobard, G., & Mellet, E. (2008). Seeing the forest before the trees depends on individual field-dependency characteristics. *Experimental Psychology*, **55**, 328-333.

Pufall, P. B., & Pesonen, T. (2000). Looking for the development of artistic style in children's artworlds. *New Directions for Child and Adolescent Development*, **90**, 81-98.

Ramachandran, V. S., & Hirstein, W. (1999). The science of art. *Journal of Consciousness Studies*, **6**, 15-51.

Read, H. (1945). *Education through art*. New York: Pantheon. (宮脇　理他訳，芸術による教育．フィルムアート社，2001)

Rentschler, I., Herzberger, B., Epstein, D. (1988). *Beauty and the Brain*, Basel: Birkhauser Verlag. (野口　薫・苧阪直行監訳，美を脳から考える―芸術への生物学的探検，新曜社，2000)

Rubin, E. (1921). *Visuell wahrgenommene Figuren*. Copenhagen: Gyldendals.

佐藤　静．(1998). コラージュ療法の基礎研究―コラージュ制作過程の分析．心理学

研究，**69**，287-294.

佐藤　静.（1999）. カウンセリングの創造性モデル. 日本心理臨床学会第 18 回大会発表論文集，436-437.

佐藤　静.（2001）. コラージュ制作過程の研究. 風間書房.

Schmeck, R. R. (1988). *Learning strategies and learning styles.* New York: Plenum Press.

Selfe, L. (1977). *Nadia: A Case of Extraordinary Drawing Ability in an Autistic Child,* London: Academic Press.

進藤将敏.（2014）. 幼児における描画構成の発達：空間認知と切り替えの観点から. 認知心理学研究 **11**（2），127-136.

Shotwell, J. M., Wolf, D., & Gardner, H. (1980). *Symbol as sense-New approach to the analysis of meaning: Styles of achievement in early symbol use* (pp.147-149). New York: Academic Press.

Solso, R. L. (1994). *Cognition and the visual arts.* Cambridge, Mass: MIT Press.Solso, R. L.（鈴木光太郎・小林哲生訳，脳は絵をどのように理解するか—絵画の認知科学. 新曜社，1997）

Solso, R. L. (2003). *The Psychology of Art and the Evolution of the Conscious Brain,* Cambridge, Mass: MIT Press.

Sternberg, R. J. (1977). *Intelligence, information processing, and analogical reasoning: The componential analysis of human abilities.* Hillsdale, NJ: Erlbaum.

Sternberg, R. J., & Lubart, T. I. (1991). An investment theory of creativity and its development. *Human Development,* **34**, 1-31.

Sternberg, R. J., & Lubart, T. I. (1993). Creative giftedness: A multivariate investment approach. *Gifted Child Quarterly,* **37**（1），7-15.

田口雅典.（2001）. 幼児における重なり合った 2 つの対象の再構成と描画に関する発達的研究. 教育心理学研究，**49**，337-346.

田中義和.（1978）. 幼児の描画における知的リアリズムに関する実験的検討. 日本教育心理学会第 20 回総会発表論文集，342-343.

田中義和.（2001）.「知的リアリズム」再考—21 世紀の新しい描画発達研究に向けて— 日本教育心理学会総会発表論文集，**3**. S94-S95.

Thomas, G. V., & Silk, A. M. J. (1990). *An introduction to the psychology of children's drawings.* London: Harvester Wheatsheaf.（中川作一監訳，子どもの描画心理学. 法政大学出版局，1996）

Thurstone, L. L. (1946). *A factorial study of perception*. Chicago: University of Chicago Press.

富永大介・下地恭子. (2002). EFT, KBDT と PIT による慢性分裂病者の神経心理学的特徴. 琉球大学教育学部紀要, **60**, 229-233.

Treffinger, D. J. (1995). Creative problem solving: Overview and educational implications. *Educational Psychology Review*, **7** (3), 301-312.

Tsuchiya, N., & Matsuhata, K. (2001). The Relationship of field dependent/independent cognitive styles to the use of listening comprehension strategies by EFL learners. ARELE: *annual review of English language education in Japan*, **12**, 71-80.

Vandenberg, S. G., & Kuse, A. R. (1978). Mental rotation, a group test of three-dimensional spatial visualization. *Perceptual and Motor Skills*, **47**, 599-604.

Van Sommers, P. (1984). *Drawing and Cognition*. Cambridge: Cambridge University Press.

Van Sommers, P. (1989). A System for drawing and drawing-related neuropsychology. *Cognitive neuropsychology*, **6** (2), 117-164. Sydney: Macquaire University.

Vinter, A. (1999). How meaning modifies drawing behavior in Children. *Child Development*, **70**, 33-49.

Wagner, S., Winner, E., Cicchetti, D., & Gardner, H. (1981). "Metaphorical" mapping in human infants. *Child Development*, **52**, 728-731.

Wallon, P., Cambier. A., & Engelhrt, D. (1990). *Le dessin de l'enfant*. Universitaires de France. (加藤義信・日下正一訳, 子どもの絵の心理学. 名古屋大学出版会, 1995)

Watson, M. W., & Schwartz, S. N. (2000). The development of individual styles in children's drawing. *New Directions for Child and Adolescent Development*, **90**, 49-63.

Willats, J. (1977). How children learn to draw realistic pictures. *Quarterly Journal of Experimental Psychology*, **29**, 367-382.

Willats, J. (1984). Getting the drawing to look right as wel as to be right. In Crozier, W. R., & Chapman, A. J. (Eds.). *Cognitive processes in the perception of art* (pp. 111-126). Amsterdam: North-Holland.

Wilson, B., & Wilson, M. (1977). An iconoclastic view of the imagery sources in the drawings of young people. *Art Education*, **30**, 5-11.

Wilson, B. (1997). Types of Child Art and Alternative Developmental Accounts: Interpreting the Interpreters. *Human Development*, **40**, 155-168.

Winner, E. (1982). *Invented Worlds: The Psychology of the Arts*, Boston, Mass.: Harvard University Press.

Winner, E. (2006). Development in the arts: Drawing and music. In D. Kuhn, & R. S. Siegler (Eds.) *Handbook of child psychology* (6th ed., pp.859-904). New York: John Wiley & Sons.

Winner, E., & Gardner, H. (1981). *First intimations of artistry*. In S. Strauss (Ed.). *U-shaped behavioral growth*. (pp.147-168). New York: Academic Press.

Winner, E., Rosenblatt, E., Windmueller, G., Davidson, L., & Gardner, H. (1986). Children's perception of "aesthetic" Properties of the arts: Domain-specific or pan-artistic? *British Journal of Developmental Psychology*, **4**, 149-160.

Winston, A. S., Kenyon, B., Stewardson, J., & Lepine, T. (1995). Children's sensitivity to expression of emotion in drawings. *Visual Arts Research*, **21** (1), 1-14.

Witkin, H. A., & Goodenough, D. R. (1977). Field dependence and interpersonal behavior. *Psychological Bulletin*, **84**, 661-689.

Witkin, H. A., & Goodenough, D. R. (1981). *Cognitive style, Essece end origins: Field dependence and field independence*. New York: International Universities Press.

Witkin, H. A., Goodenough, D. R., & Karp, S. A. (1967). Stability of cognitive style form childhood to young adult. *Journal of Personlity and Social Psychology*, **7**, 291-300.

Witkin, H.A., Oltman, P. K., Raskin, E., & Karp, S.A. (1971). *A manual for the embedded figures tests*. Polo Alto: Consulting Psychologists Press.

Witkin, H. A., Goodenough, D. R., & Oltman, P. K. (1979). Psychological differentiation: Current status. *Jounal of Personality and Social Psychology*, **37**, 1127-1145.

Witkin, H. A., Moore, C. A., Goodenough, D.R., & Cox, P. W. (1977). Field-dependent and field-independent cognitive styles and their educational implications. *Review of Educational Research*, **47**, 1-64.

Wolf, D., & Perry, M. (1988). From endpoints to repertories: Some new conclusious about drawing development. *Journal of Aesthetic Education*, **22** (1), 17-34.

山田　寛・大山　正. (1996). 形態認知の研究（1）刺激図形の定量的操作に関する検討. 基礎心理学研究, **15**, 61.

山形恭子. (1996). シンボルとしての初期描画構成活動の成立過程：縦断研究. 金沢

法学, **39** (1), 1-22.

山形恭子. (2000). 初期描画発達における表象活動の研究. 風間書房.

山形恭子・清水麻紀. (1997). 初期描画発達における構成活動の成立過程, 教育心理学研究, **45**, 22-30.

Zeki, S. (1999). *Inner vision*. Oxford University Press. (河内十郎監訳, 脳は美をいかに感じるか. 日本経済新聞出版社, 2002)

Zeki, S., & Lamb, M. (1994). The neurology of kinetic art. *Brain*, **117**, 607-636.

資料1

埋没図形検査（Embedded Figures Test; EFT）

資料1 「埋没図形検査 (Embedded Figures Test; EFT)」

例示問題の教示：

①左の簡単な形が右の図の中に隠れています。

②できるだけ早く見つけて，見つけたら赤鉛筆でなぞって下さい。

③左の図と同じになるように，全部なぞって下さい。（記入ミスに注意させる）

④終わったら「終わりました」と言って知らせてください。

⑤できるだけ描き間違いのないようにしますが，はみ出したり，描き間違ったりしたら，このように（具体的に斜線で消してみせる）斜線で訂正してください。

⑥途中でも「止め」といったら鉛筆を置いてください。（制限時間は60秒）

⑦終了後の訂正はできません。

埋没図形検査カード（例示問題）

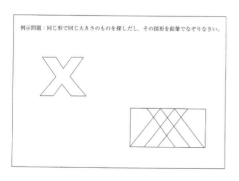

180　資料1

埋没図形検査カード（EFT 図版 12 枚）

（EFT-1）

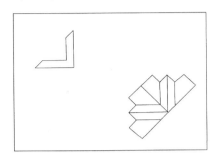

（EFT-4）

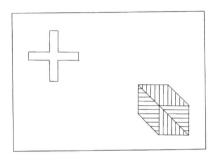

（EFT-2）

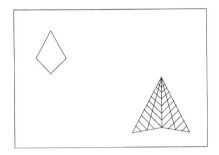

（EFT-5）

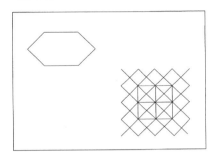

（EFT-3）

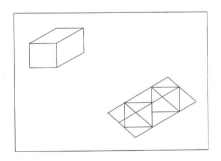

（EFT-6）

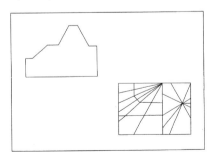

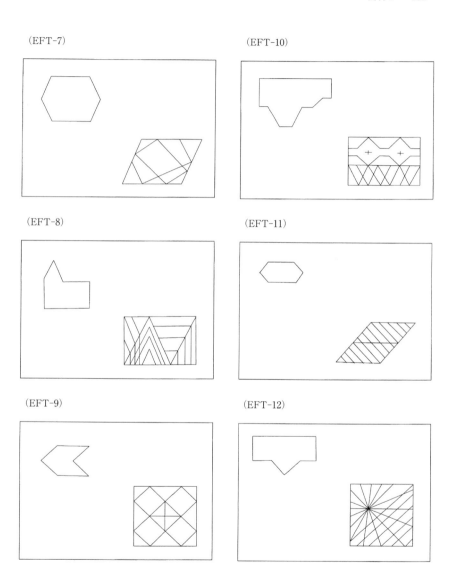

資料２

大域・局所同異判断課題

"same/different" global-local categorization task

資料 2：「大域・局所同異判断課題」
"same/different" global-local categorization task

複合刺激（compound stimuli）

①複合刺激は同一の小さな 40 個の「local 形」で構成される「global 形」を
ペアで表示する。

② "same" ペアは，global レベルと local レベルの両者で，同一の線画で構
成される。

③ "different" ペアは，

　global レベルの線画が異なる（"global difference" ペア）と，

　local レベルの線画が異なるもの（"local difference" ペア），の 2 種類
で構成される。

手続き：

　「複合刺激」は 1024×768 pixels で作成し，15 インチのパソコン画面上に
表示する。実験参加者とパソコン画面との距離は 60 cm とする。刺激サイ
ズは，「global 形」はおおよそ，高さ（視角 11.4°）幅（視角 8.5°）内に収
まるものとし，「local 形」は，高さ（視角 1.26°）幅（視角 .92°）内に収ま
るように作成する。

　20 施行の "Same" ペアと，20 施行の "different" ペアの計 40 施行を行
う。20 施行の "different" ペアの半分（10 施行）は global レベルで異なる
線画で構成され，残りの半分（10 施行）は local レベルで異なる線画で構成
される。

　複合刺激の提示順はランダムに行うように設定し，2 秒間隔で「複合刺激

－マスク刺激－複合刺激」と提示し，参加者に「同じ」または「違う」の回答を求める。調査者は複合刺激ごとに「同じ」または「違う」の回答を記録する。

例示問題の教示：

①今から，二つの「形」が画面上に表示されます（現れます）。

②右の図形と左の図形をよく見て，全く同じなら「同じ」，違う場合は「違う」と答えてください。

　画面はすぐ変わりますから（2秒間隔），注意して見ていて下さい。

①「では，練習問題を行ないます。」

　「右と左と同じ場合は"同じ"，よく見て違う場合は"違う"と答えてください。」と言って，練習Ⅰ（"global different"ペア），練習Ⅱ（"same"ペア），練習Ⅲ（"local different"ペア）の順で表示する。

　ここでは，global レベルで異なる線画，local レベルで異なる線画，全く同一の線画，の3種類があることを確認させる。なお，練習問題の「global レベルで異なる線画（"global different"ペア）」や「local レベルで異なる線画（"local different"ペア）」は，難易度の低い複合刺激を用いた。とくに「local レベルで異なる線画」があることに気付くように，分かりやすい複合刺激を工夫した。

課題の開始の教示：

②「では，わかりましたね。問題を始めます。画面はすぐ変わりますから，すぐ答えてください」と再度，注意を促す。

③「同じ」または「違う」の回答を記録する（言い換えた場合の記録も行なう）。

資料 2   187

練習問題（3試行）

練習Ⅰ

練習Ⅱ

練習Ⅲ

188　資料2

本試行（40 試行）
ランダム提示

「さあ始めます。」

資料2

(以下中略)

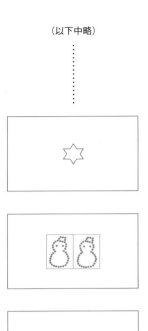

「終わりです。」

190 資料2

複合刺激（compound stimuli）：20 "same" ペア（1）

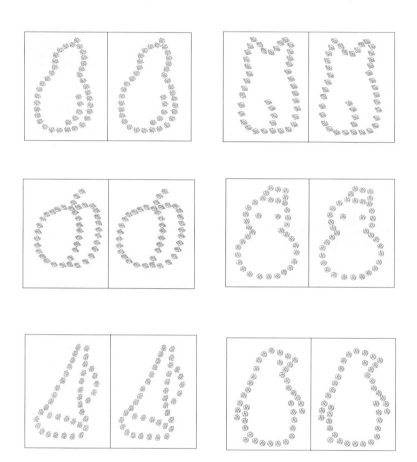

資料2　191

複合刺激（compound stimuli）：20 "same" ペア（2）

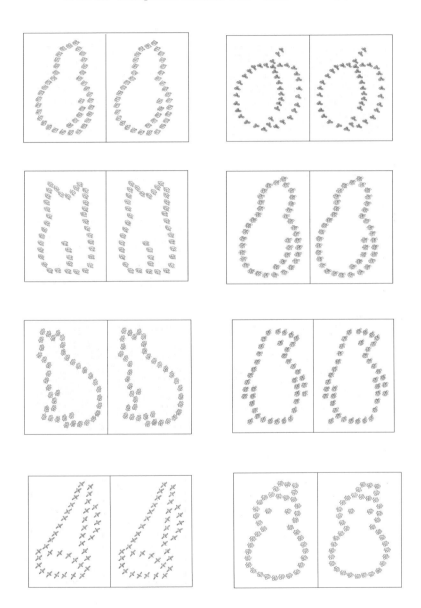

資料2

複合刺激（compound stimuli）: 20 "same" ペア (3)

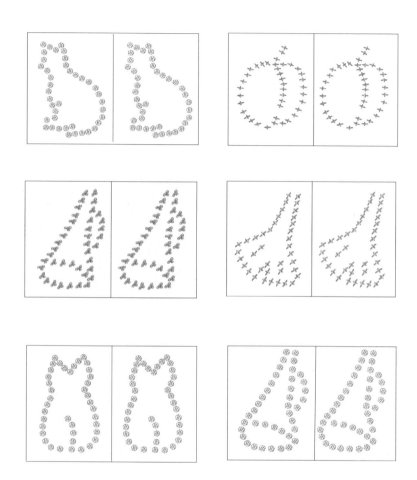

資料2　193

複合刺激（compound stimuli）：10 "global different" ペア（1）

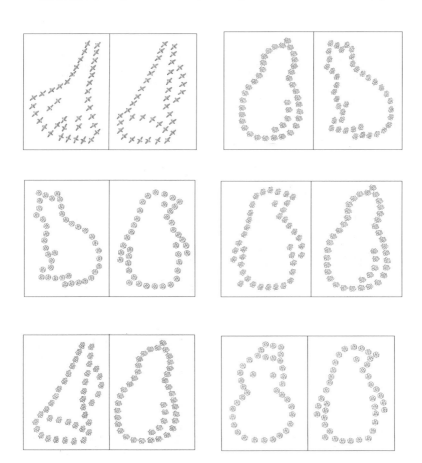

194　資料2

複合刺激（compound stimuli）：10 "global different" ペア（2）

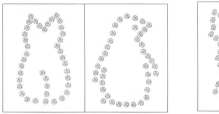
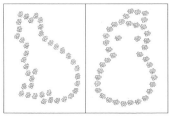

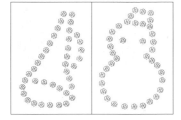

資料2　　195

複合刺激（compound stimuli）：10 "local different" ペア（1）

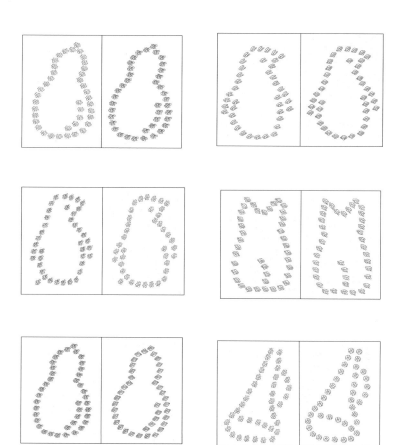

資料2

複合刺激（compound stimuli）：10 "local different" ペア (2)

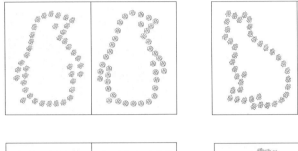

 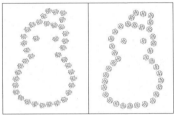

資料3
具象群と非具象群の描画作品

（付記）東日本大震災により貴重な多くのデータを流出しました。
残されたデータの一部を掲載します。

具象群の代表的描画

（6 歳から 11 歳）

200 資料3

具象群の代表的描画 (1)(2)

6歳（女）平均評定値　28.2

7歳（女）平均評定値　26.0

具象群の代表的描画 (3)(4)

7歳（女）平均評定値　27.2

9歳（男）平均評定値　27.4

資料3

具象群の代表的描画 (5)(6)

9歳（女）平均評定値　29.4

11歳（女）平均評定値　30.0

非具象群の代表的描画

（6 歳から 11 歳）

非具象群の代表的描画 (1)(2)

6歳（男）平均評定値　0.0

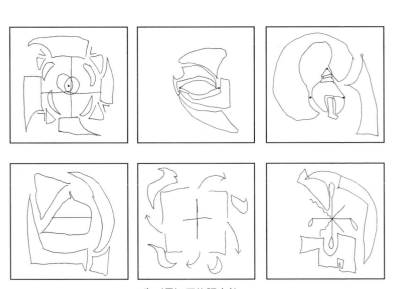

6歳（男）平均評定値　4.2

資料3　205

非具象群の代表的描画 (3)(4)

7歳（男）平均評定値　0.0

9歳（男）平均評定値　0.0

非具象群の代表的描画 (5)(6)

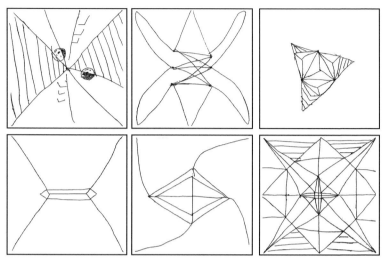

9歳（男）平均評定値　0.0

10歳（男）平均評定値　0.0

資料3　207

非具象群の代表的描画 (7)(8)

10歳（男）平均評定値　0.0

10歳（男）平均評定値　3.2

資料3

非具象群の代表的描画 (9)(10)

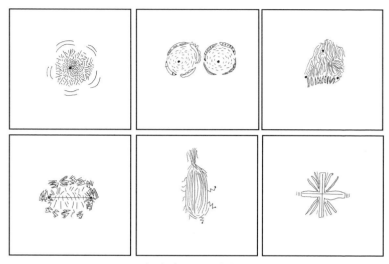

11歳（男）平均評定値　1.6

11歳（女）平均評定値　2.4

非具象群の代表的描画 (11)(12)

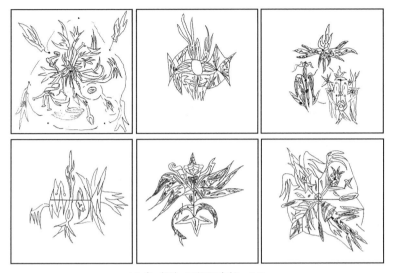

11歳（男）平均評定値　0.0

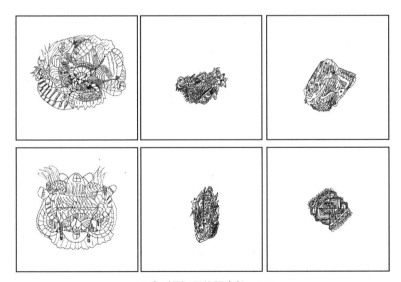

11歳（男）平均評定値　0.0

同一描画者による

第1回目描画と第2回目描画

（具象群）

（非具象群）

212　資料3

同一の描画者による描画（1）：具象群（8歳―10歳）

8歳（女）平均評定値　28.6

10歳（女）平均評定値　29.8

資料3　213

同一の描画者による描画（2）：具象群（7歳―9歳）

7歳（女）平均評定値　29.3

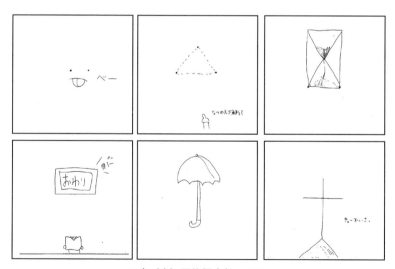

9歳（女）平均評定値　29.2

同一の描画者による描画 (3):非具象群 (7歳—10歳)

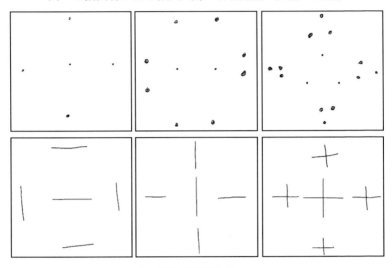

7歳(男) 平均評定値　0.0

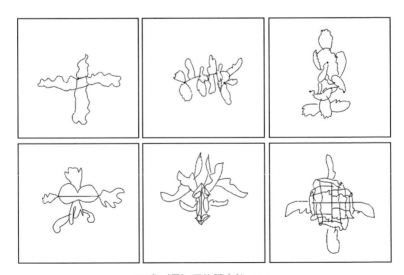

10歳(男) 平均評定値　0.0

資料3　215

同一の描画者による描画（4）：非具象群（7歳—8歳）

7歳（男）平均評定値　6.3

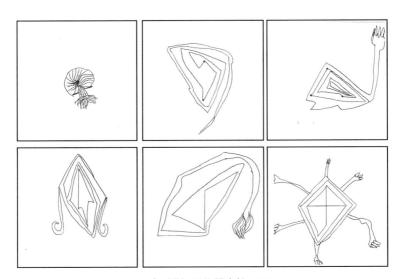

8歳（男）平均評定値　9.7

216　資料3

同一の描画者による描画 (5)：非具象群 (10歳—11歳)

10歳（男）平均評定値　3.2

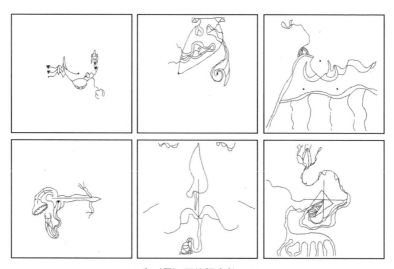

11歳（男）平均評定値　1.6

論文目録

本研究における第Ⅱ部と第Ⅲ部の9つの研究は，以下の論文に基づいて構成された。

研究1：

新妻悦子．(2002)．描画過程における造形的働きかけの差異に関する研究．東北大学大学院教育学研究科修士論文，1-61.（未公刊）．東北大学．

新妻悦子・新妻健悦・佐藤　静．(2002)．描画特性における具象群と非具象群の分析．日本イメージ心理学会第3回大会発表論文集，10-11.

研究2：

新妻悦子・新妻健悦・佐藤　静．(2005a)．描画特性における具象群と非具象群の分析―描画課題を用いた描画行動の個人差に関する認知的・発達的研究―．イメージ心理学研究，第3巻第1号，13-25.

研究3：

新妻悦子．(2011)．描画表現の発達に関する研究Ⅰ―具象タイプ群と非具象タイプ群の違いに着目して―．日本発達心理学会第22回発表論文集．200.

新妻悦子．(2013)．児童の描画特性に関する認知的・発達的研究―描画課題を用いた描画行動の個人差に着目して―．東北教育心理学研究第13巻，31-41.

研究4：

新妻悦子．(2013)．描画特性の一貫性と描画作品の内容分析に関する検討―描画課題を用いた描画行動の個人差に関する認知的・発達的研究―．東北大学大学院教育学研究科年報，62，203-216.

新妻悦子・新妻健悦・佐藤　静．(2005b)．描画特性の具象群と非具象群の分析―描画内容の出現頻度について―．日本イメージ心理学会第6回大会発表論文集，20-21.

新妻悦子．(2010)．描画制作過程における「知性処理」と「感性処理」―具象群と非具象群の分析を手がかりとして―．美術教育学第31号，279-290.

218 論文目録

研究5；

新妻悦子・新妻健悦・佐藤　静．（2003）．描画特性の一貫性について．日本イメージ
心理学会第4回大会発表論文集，22-23.

研究6〜9；

新妻悦子．（2008）．認知的・心的特性の分析に基づく造形活動の個人差に関する一考
察—内に向かう表現・外に向かう表現—．美術科教育学会第30回大会発表概要
集，50.

新妻悦子．（2009）．認知的・心的特性の分析に基づく造形活動の個人差に関する一考
察．美術教育学第30号，317-330.

新妻悦子．（2012）．認知の個人差と描画表現に関する一考察．美術科教育学会第33
回大会発表概要集，50.

謝　辞

　本書は，東北大学大学院教育学研究科に提出した博士学位論文をもとにしています。研究活動全般にわたっては，東北大学大学院教育学研究科教授本郷一夫先生に格別なるご指導とご支援を賜りました。また，研究の継続に当たっては，工藤与志文教授，神谷哲司准教授，深谷優子准教授に貴重なご教示をいただきました。さらに宮城教育大学教職大学院教授　佐藤静先生は筆者の素朴な問題に科学的な研究方法をご教示下さいました。ここに深く感謝の意を表します。

　本研究では足掛け10年に及ぶ調査が行われ，たくさんの子どもたちが辛抱強く付き合ってくれました。一人一人，丁寧に描いた描画は貴重な資料となりました。また時間がかかる調査もありましたが，保護者の皆様のご理解とご協力のもとで行うことができました。

　思えば筆者が東北大学を巣立ったのは，40年以上も前になります。今では樹木は見上げるような大木となり，高層の研究棟が立ち並び，学生運動のビラだらけだった壁はすっかり新しくなり，女子学生の多さに驚き，隔世の感がありました。しかし社会人学生として再び，研究室の若い皆様とともに学ぶ時間は有意義で楽しいものでした。情報機器の扱いに不慣れな筆者に，図書の検索や分析処理の方法等，親切に応えて下さいました。懐かしく刺激的な5年間でした。

　あらためて本郷一夫先生をはじめ，諸先生方，研究室の皆様方，そして子どもたちや保護者の方々に，心より感謝申し上げます。

　本研究は，40年におよぶ造形教室アトリエ・コパンの活動から得られた知見が出発点となっています。筆者は2011年3月11日，宮城県石巻市において震度6強の揺れに襲われました。続く津波の襲来で町は壊滅し，雪の降

る中，腰までの水と戦いながら事務所（アトリエ）に辿り着き，大学から借用していた WISC-Ⅲ一式とペットボトル1本を抱えてロフトに駆け上がりました。絶え間ない余震，氷点下の寒さ，不気味に膨れ上がる水位，階下に流れ出した灯油の匂いで三日目の朝には吐き気と頭痛に悩まされました。しかし幸いにもその日の夕刻，地元の方々のボートによって救出されました。

　この東日本大震災の津波によって，北上川に面した自宅は全壊し，情報機器をはじめ，長期にわたる実践記録（写真）や資料，文献，書籍，データ等が流出し，活動再開のためには多くの時間と労力をかけなければなりませんでした。しかし，このような状況の中でも筆者が何とか研究を継続できたのは，大勢の方々の支えがあったからです。ここに改めて心から感謝申し上げます。

　最後となりましたが，本書の刊行に際してお世話になりました風間書房の風間敬子氏と下島結氏に感謝申し上げます。

　　　平成 28 年 3 月

　　　　　　　　　　　　　　　　　　　新妻悦子

著者略歴

新妻悦子（にいつま　えつこ）

1975年　東北大学教育学部卒業
2002年　東北大学大学院教育学研究科博士課程前期修了
2015年　東北大学大学院教育学研究科博士課程後期修了
現　在　アトリエ・コパン美術教育研究所副代表
　　　　博士（教育学）

児童の描画特性と認知スタイルとの関連性に関する研究

2016年 5 月31日　初版第 1 刷発行

　　　　　　　　　　著　者　　新　妻　悦　子

　　　　　　　　　　発行者　　風　間　敬　子

発行所　　　株式会社風　間　書　房
〒101-0051　東京都千代田区神田神保町1-34
電話 03(3291)5729　FAX 03(3291)5757
振替　00110-5-1853

印刷　藤原印刷　　製本　高地製本所

Ⓒ2016　Etsuko Niitsuma　　　　　　　　　NDC 分類：140
　　ISBN978-4-7599-2133-5　　Printed in Japan

JCOPY〈㈳出版者著作権管理機構 委託出版物〉
本書の無断複製は，著作権法上での例外を除き禁じられています。複製される場合はそのつど事前に㈳出版者著作権管理機構（電話 03-3513-6969，FAX 03-3513-6979，e-mail:info@jcopy.or.jp）の許諾を得てください。